PERFECTO AMOR

Usted puede experimentar
la completa aceptación de Dios

JOYCE MEYER

FaithWords

New York Boston Nashville

FaithWords
Hachette Book Group
1290 Avenue of the Americas
New York, NY 10019
www.faithwords.com

Impreso en los Estados Unidos de América

RRD-C

Previamente publicado como *Dios no está enojado contigo*

Primera edición: octubre 2014
10 9 8 7 6 5 4 3 2

FaithWords es una división de Hachette Book Group, Inc.
El nombre y el logotipo de FaithWords es una marca
registrada de Hachette Book Group, Inc.

El Hachette Speakers Bureau ofrece una amplia gama de autores
para eventos y charlas. Para más información, vaya a
www.hachettespeakersbureau.com o llame al (866) 376-6591.

La editorial no es responsable de los sitios web (o su
contenido) que no sean propiedad de la editorial.

International Standard Book Number: 978-1-4555-3238-4

ÍNDICE

Un día puse una frase en Facebook que simplemente decía: "Dios no está enojado contigo", y la respuesta que recibimos en el ministerio fue abrumadora. En sólo unas horas, miles de personas respondieron favorablemente. Muchas de ellas decían: "Eso es exactamente lo que necesitaba oír hoy". Obviamente, eran personas que tenían temor a que Dios estuviera enojado con ellas y necesitaban desesperadamente estar seguras de que no era así.

Mediante mi propia experiencia en mi relación con Dios, y al ministrar a otras personas, he llegado a creer que un gran porcentaje de personas, ya sea vagamente o quizá incluso claramente, creen que Dios está enojado con ellas. Esta creencia evita que recibamos su amor, su misericordia, su gracia y su perdón; nos deja sintiéndonos temerosos, con falta de confianza y con un sentimiento de culpabilidad. Aunque puede que pidamos perdón a Dios por nuestros pecados y fracasos, con frecuencia seguimos sintiendo que Dios está decepcionado y enojado porque no llegamos a ser lo que Él quiere y espera que seamos.

¿De dónde proviene este concepto de Dios? Quizá de un padre enojado a quien era difícil agradar; o del dolor del rechazo por parte de padres o de amigos que no sabían cómo dar amor incondicional. ¡Quizá provenga de la iglesia! De la enseñanza religiosa que nos ofrecía reglas y normas que seguir, y daba a entender que seríamos inaceptables delante de Dios si no las seguíamos. Nosotros queríamos ser buenos, intentábamos ser buenos, pero cuando descubrimos, como todo el mundo descubre, que constantemente fallamos, en silencio aceptamos el mensaje de que éramos una importante decepción para Dios y merecedores de su enojo. Sin embargo, seguíamos intentando cambiar y comportarnos mejor porque amamos a Dios, y sin duda alguna no queremos que Él esté enojado con nosotros.

En esta condición nos enfrentamos con toda una vida de desengaño, porque cualquiera que intente servir a Dios bajo la ley (reglas y normas) está destinado a la decepción, según el apóstol Pablo.

> *Todos los que viven por las obras que demanda la ley están bajo maldición.*
>
> Gálatas 3:10

En nuestras relaciones con nuestros padres o con otras personas, puede que hayamos tenido que rendir o comportarnos de cierta manera a fin de ganarnos su amor, pero el amor de Dios es incondicional, y se ofrece libremente a todo aquel que lo reciba por la fe.

En este libro aprenderás que aunque Dios sí se enoja por el pecado y la maldad, no es un Dios enojado. Dios aborrece el pecado, ¡pero ama a los pecadores! Él es bueno, y está listo para perdonar nuestras maldades, alejándolas para siempre. Él es "bueno y perdonador; grande es tu amor..." (Salmos 86:5). Permíteme ser clara: Dios no aprueba, y nunca aprobará, el pecado, pero Él ama a los pecadores y seguirá trabajando con nosotros hacia el cambio positivo en nuestras vidas. Dios nunca deja de amarnos ni siquiera durante un segundo de nuestras vidas, y debido a su gran amor se niega a dejarnos solos, perdidos y abandonados en pecado. Él sale a nuestro encuentro y nos ayuda a llegar donde necesitamos estar.

La Biblia es un relato de pecado, engaño, inmoralidad de todo tipo, desobediencia, hipocresía y la increíble gracia y amor de Dios. Los héroes que admiramos eran personas como nosotros. Fracasaron miserablemente a veces, pecaron regularmente, y aun así descubrimos que amor, aceptación, perdón y misericordia son los regalos gratuitos de Dios. Su amor los atrajo hacia una relación íntima con Él y les capacitó para hacer grandes cosas, y les enseñó a disfrutar de la vida que Él ha proporcionado.

Ya que ellos experimentaron esa aceptación, creo que también nosotros podemos experimentarla, si tomamos la decisión de creer lo que la Palabra de Dios nos dice en lugar de lo que nosotros pensamos, sentimos o escuchamos de otras personas. Deberíamos asegurarnos de que nuestras creencias estén en consonancia con la Palabra de Dios, y no sean meramente imaginaciones de un modo de pensar mal guiado y confundido. Alguien podría creer que Dios no le ama y está enojado con él o ella, pero eso no es lo que dice la Palabra de Dios; por tanto, el modo de pensar equivocado debería ser rechazado como falsificación, y lo que Dios dice debería ser aceptado por la fe y sin cuestionarlo. Dios nos ha dado su Palabra para que siempre podamos tener la verdad a nuestra disposición. Es imposible para nosotros vivir una vida de engaño y decepción si hacemos de la Palabra de Dios nuestra fuente de toda verdad y la creemos por encima de todo lo demás.

Puede que pienses: "No hay razón alguna para que Dios me ame", y tienes toda la razón. Pero Dios sí te ama. Él decide hacerlo, y debido a que Él es Dios, tiene todo el derecho a hacerlo. La Biblia dice que Él planeó amarnos y adoptarnos como sus propios hijos porque fue su voluntad, le agradó, y fue su propósito (Efesios 1:5). Dios nos ama porque quiere hacerlo, y no porque lo merezcamos. Me gustaría sugerir que dejes de leer por unos minutos y repitas en voz alta varias veces: "Dios me ama porque Él quiere, y no porque yo lo merezca". Cada vez que lo digas, toma un momento y deja que cale en tu conciencia. Ser consciente del amor de Dios es el principio de toda sanidad y restauración; es la fuente de toda justicia, paz y gozo. Deberíamos aprender a ser conscientes de Dios en lugar de ser conscientes del pecado; a enfocarnos en la bondad de Dios en lugar de hacerlo en nuestros fracasos. Enfocarnos en nuestra debilidades solamente les da más fuerza y poder sobre nosotros.

Vivir en la realidad de que Dios nos ama perfectamente es la verdad más liberadora que descubriremos jamás. Saber que pecaremos, probablemente cada día, y que Dios sabe eso y ya ha decidido perdonarnos, elimina el temor al fracaso. La hermosa verdad es que cuando ya no nos enfocamos en nuestro pecado, descubrimos que lo hacemos cada vez menos. A medida que nos centramos en la bondad de Dios en lugar de tener temor a nuestras debilidades, nos volvemos cada vez más semejantes a Jesús. Dios, en Cristo, se ha ocupado por completo del problema del pecado. Sin duda, Dios nos ordena no pecar, pero Él sabía que lo haríamos debido a la debilidad de nuestra carne, así que se ocupó del problema enviándonos a su Hijo Jesucristo como el sacrificio y el pago por nuestros pecados. Jesús pagó por todo lo que hemos hecho mal o que haremos mal jamás, y Él abrió un camino nuevo y vivo para servir a Dios; no con temor o culpabilidad, sino con libertad, amor e intimidad.

Dios está decidido a tener una relación íntima con cada uno de nosotros, y el único modo en que Él puede hacerlo es si nos muestra gracia, misericordia y perdón continuamente. La única manera en que podemos tener esa relación con Él es si aprendemos a recibir continuamente su gracia, su perdón y su misericordia.

En caso de que te lo preguntes, aún no has recibido demasiada misericordia en tu vida. Sigue habiendo una abundante cantidad a tu disposición, y la habrá durante toda tu vida. ¡La misericordia de Dios es nueva cada día! Es un regalo, y solo puede disfrutarse si se recibe gratuitamente.

Mientras lees este libro, es mi oración que recibas la gracia, el favor, el amor, la misericordia y el perdón de Dios, ¡y la gloriosa verdad de que Dios no está enojado contigo! Que vivas con valentía y seas todo lo que Dios quiere que tú seas, y vivas en la plenitud del gozo y la belleza para los cuales fuiste creado. Forma el hábito de meditar en esta verdad y confesarla: "Dios me ama".

CAPÍTULO 1

¿Está Dios enojado?

El Señor es clemente y compasivo, lento para la ira y grande en amor. No sostiene para siempre su querella ni guarda rencor eternamente.

Salmos 103:8-9

Una mujer que conozco relata una historia sobre el momento en que ella quemó el motor del auto de su padre, que él le había prestado cuando estaba en la universidad. Era el final de las vacaciones del semestre, y ella iba a regresar a la escuela en el autobús, un viaje de siete horas con muchas paradas a lo largo del camino. Ellen había recibido muchos regalos en Navidad que eran grandes, inclusive un edredón con relleno de plumón y una nueva computadora portátil. Su papá le dijo que en lugar de llevarse en el autobús tantas cosas grandes, podría conducir en el auto de él hasta la escuela y devolvérselo la próxima vez que regresara a casa de visita. ¡Qué regalo!

El viaje de regreso a la universidad fue pan comido. Ellen estacionó el auto en un lugar seguro y planeó conducir otra vez a casa y devolverlo unas semanas después. Mientras tanto, de vez en cuando conducía hasta el supermercado o la tienda. Poco tiempo después, llevaba a sus amigas a hacer pequeños trayectos aquí y allá sólo por diversión.

En uno de esos viajes, Ellen observó una luz roja que se encendió en el salpicadero. No creía que fuese nada serio; después de todo, su padre se ocupaba muy bien del auto y estaba en buenas condiciones. Siguió conduciendo.

Pronto notó que salía humo por el capó del auto, y decidió que sería mejor llevar de nuevo el auto al campus. Después se produjeron unos fuertes chisporroteos, y entonces el motor se detuvo. Cuando llegó la grúa, no fue necesario mucho tiempo para saber cuál era el problema: esa luz roja era el indicador del aceite. Ellen había descuidado comprobar qué quería decir la luz, y ahora el motor no tenía reparación.

Unos días después, cuando llegó su padre (en su otro auto) y ella se reunió con él en la gasolinera donde habían llevado el auto, Ellen estaba aterrada. Había abusado de un privilegio y había pasado por alto una sencilla advertencia. No había excusa alguna para su negligencia, y ahora había destrozado el auto de su padre. Ella sabía que él estaba furioso, y no había ninguna justificación para su comportamiento. Ellen le dijo a su padre lo mucho que sentía su descuido, pero él se limitó a decirle que se quedara sentada en el auto mientras él evaluaba los daños.

Después de saber que el auto no tenía arreglo, el padre de Ellen lo organizó todo para que la gasolinera se deshiciera de él. ¡En realidad tuvo que pagarles para poder quitárselo de en medio! Ahora era el momento de que Ellen hiciera frente al enojo de su padre.

Mientras se alejaban del auto destrozado, su padre preguntó a Ellen: "¿Cuál es el mejor restaurante en la ciudad?". Eso era lo último que ella esperaba oír, pero le dirigió hasta allí. Mientras estaban sentados en la mesa y miraban el menú, Ellen no podía pensar en comida. Afortunadamente, su padre pidió para los dos: trucha asada a la salsa de almendras. Estuvieron sentados en silencio mientras esperaban su comida, y cada minuto le parecía una hora.

Cuando llegó la trucha, el padre de Ellen le dijo: "Esta noche quiero enseñarte una lección que nunca olvidarás". Ella sabía que se merecía cualquier cosa que le sucediera. ¿Le haría él pagarle el auto? Eso no tendría fin. ¿Le gritaría?

Quizá solo le dijese lo decepcionado que estaba con ella. En ciertos aspectos, ese sería el peor castigo.

Entonces él agarró el cuchillo y el tenedor y dijo: "Voy a enseñarte a quitar la raspa a una trucha asada". No se dijo ni una sola palabra sobre el auto aquella noche; ni nunca más.

El padre de Ellen había estado enojado por su conducta; ¿quién no lo estaría? Pero también sabía que Ellen había aprendido su lección sin ninguna retribución por parte de él. Ellen tiene ahora casi sesenta años, y su padre murió hace muchos años; pero ella relata esta historia como si hubiera sucedido la semana pasada, y sigue estando asombrada por el perdón de su padre. La misericordia de él tuvo un mayor impacto en ella que el que habría tenido su castigo.

La Palabra de Dios dice que Él se comporta con nosotros del mismo modo en que lo hizo el padre de Ellen con ella.

El Señor tu Dios está en medio de ti como guerrero victorioso. Se deleitará en ti con gozo, te renovará con su amor, se alegrará por ti con cantos.

Sofonías 3:17

Claro que hay muchos ejemplos en la Biblia de nuestro Padre celestial enojándose, pero eso no quiere decir que Él sea un Dios enojado. A veces Él se enoja por el pecado, la desobediencia y la rebelión, pero es lento para la ira, grande en misericordia y siempre listo para perdonar. Todos nuestros pecados, pasados, presentes y futuros, ya han sido perdonados. Eso tuvo lugar cuando Jesús murió en la cruz. Lo único que tenemos que hacer es creerlo y recibirlo siempre que fracasemos. Pidan y recibirán, para que su alegría sea completa (Juan 16:24).

No cometas el error de pasar tu vida creyendo que Dios está enojado contigo, cuando el perdón que necesitas está disponible en todo momento. Habla libremente con Dios

acerca de tus pecados. Él ya los conoce todos, pero sacarlos
a la luz y permitir que nada quede oculto entre tú y Dios
es muy liberador. Es increíble entender que podemos hablar libremente con Dios acerca de cualquier cosa en absoluto y que Él entiende y no nos juzga. Eso no significa que
Él apruebe la conducta pecaminosa, pero sí entiende la debilidad de nuestra carne (Hebreos 4:15-16), y su poder nos capacita para vencerla.

Hay muchos ejemplos registrados en la Biblia del enojo
de Dios contra los israelitas debido a sus quejas, su desobediencia y su adoración a ídolos y falsos dioses. Pero lo increíble para mí es lo rápido que Dios era para perdonarlos
por completo y restaurarles todos sus beneficios en cuanto
ellos se alejaban de su maldad y regresaban a Él.

Esto sucedió una y otra vez a lo largo del Antiguo Testamento. Es verdaderamente sorprendente con cuánta frecuencia Israel servía a Dios y disfrutaba de sus abundantes
bendiciones y después se alejaba en rebelión y desobediencia
para adorar ídolos y agradarse a sí mismos. Es incluso más
sorprendente lo rápidamente y libremente que Dios volvía a
aceptarlos, les perdonaba y les restauraba su anterior prosperidad cuando ellos regresaban a Él con corazones sinceros
y arrepentidos. Es muy evidente por la historia de aquellas
personas, que eran los escogidos de Dios, que Él es fiel y
siempre está listo para perdonar y restaurar.

Quizá pienses que Dios está enojado contigo. Seguramente,
si Dios era rápido en perdonar a personas que se alejaron totalmente de Él y adoraron ídolos, está más que preparado
para perdonarnos a ti y a mí nuestros pecados.

*Tan lejos de nosotros echó nuestras transgresiones
como lejos del oriente está el occidente. Tan compasivo es el Señor con los que le temen como lo es*

un padre con sus hijos. Él conoce nuestra condición;
sabe que somos de barro.

Salmos 103:12-14

Se nos recuerda en estos versículos de la Escritura que
Dios entiende nuestras debilidades. Él sabe que a veces su-
cumbiremos a las tentaciones y la conducta errónea, pero Él
es también un Padre compasivo y amoroso que está listo para
perdonar todo. El hecho mismo de que no podamos hacer
todo correctamente es el motivo por el cual Dios envió a
Jesús a pagar el precio de nuestra redención.

Oseas se casa con una prostituta

La historia del profeta Oseas es una imagen extraordinaria
del increíble amor de Dios y su profundo compromiso con
los hijos de Israel. Dios ordenó a Oseas que se casara con
una prostituta llamada Gomer y tuviera hijos con ella. Eso
tenía la intención de ser un ejemplo vivo para los israelitas
de la fidelidad de Dios frente a la infidelidad de ellos.

Oseas y Gomer tuvieron tres hijos a quienes Dios les puso
nombres. Esos nombres eran proféticos. En otras palabras,
ellos debían ser un mensaje para los hijos de Israel. El primero fue llamado Jezreel, que significaba el juicio de Dios
sobre el rey gobernante Jeroboam. El segundo fue llamado
Loruhama, que significa "sin compasión", y que comunicaba
el mensaje de que Dios estaba a punto de retirar su misericordia de Israel. El tercer hijo fue llamado Lo-amni, que significaba "no mi pueblo". Los nombres de aquellos niños eran
un recordatorio profético para Israel de que Dios no se agradaba de su infidelidad.

Gomer le fue infiel a Oseas, y su infidelidad era un síntoma de la infidelidad de Israel hacia su relación de pacto
con Dios. En lugar de responder a la voluntad de Dios con

amor y gratitud, los israelitas utilizaban las cosechas con las que Dios les había bendecido como ofrendas para los ídolos. Ellos eran infieles a Dios igual Gomer que fue infiel a Oseas.

Aunque Gomer fue infiel a Oseas, Dios le ordenó que la aceptase de nuevo y la amase.

> *Me habló una vez más el Señor, y me dijo: «Ve y ama*
> *a esa mujer adúltera, que es amante de otro. Ámala*
> *como ama el Señor a los israelitas, aunque se hayan*
> *vuelto a dioses ajenos y se deleiten con las tortas de*
> *pasas que les ofrecen».*
>
> Oseas 3:1

Aquello quería mostrar el compromiso de Dios y su amor perpetuo por su pueblo. Aunque Dios estaba enojado con los israelitas por su conducta increíblemente estúpida, nunca dejó de amarlos. Él quería tratarlos de una manera que finalmente volviera a atraerles a Él. Por tanto, vemos que incluso en nuestro pecado, Dios idea maneras de volver a atraernos a una relación de amor con Él. ¡Dios nunca va a tirar la toalla con nosotros!

> *Pero tú debes volverte a tu Dios, practicar el amor y*
> *la justicia, y confiar siempre en él.*
>
> Oseas 12:6

Lo único que Dios requería a fin de restaurar la relación de los israelitas con Él era que ellos regresaran a Él y se arrepintieran de su iniquidad. Él quería que ellos lamentasen lo que habían hecho, se alejasen de su pecado y regresasen de nuevo a Él.

Si tú has servido a Dios en algún momento y te has alejado de Él para tener una aventura con el mundo, sin duda esta historia te da esperanza de que Dios te está esperando con los brazos abiertos para recibirte de nuevo. Sí, Dios sí se enoja, pero su naturaleza es perdonar y restaurar.

El enojo de Dios es distinto al nuestro

Cuando nosotros nos enojamos con las personas, normalmente se debe a que nos hicieron algo que no nos gusta, o no hicieron algo que nosotros creemos que deberían haber hecho. Nuestro enojo siempre es debido a que alguien nos hiere. Cuando Dios se enoja, no se debe a lo que nosotros le estamos haciendo a Él. Se debe a lo que nos estamos haciendo a nosotros mismos por no seguir sus caminos. Incluso se podría decir que su enojo está a favor de nosotros, y no contra nosotros. El amor de Dios es eterno, e incluso su enojo y su desagrado tienen intención de alejarnos del pecado y hacernos regresar a Él.

Aunque con frecuencia resistimos los mandamientos de Dios porque pensamos que son difíciles de seguir o porque no nos dejarán hacer lo que queremos hacer, estamos equivocados. Todo lo que Dios nos manda que hagamos, o que no hagamos, es para nuestro bien. Nuestra obediencia a Él nos dará la vida que verdaderamente deseamos. La Biblia es un registro de lo bendecidas que son las personas cuando siguen a Dios, y de lo miserables y desdichadas que son cuando no lo hacen. Dios lo dijo de manera muy sencilla en su Palabra:

> *Si realmente escuchas al Señor tu Dios, y cumples fielmente todos estos mandamientos que hoy te ordeno, el Señor tu Dios te pondrá por encima de todas las naciones de la tierra. Si obedeces al Señor tu Dios, todas estas bendiciones vendrán sobre ti y te acompañarán siempre.*
>
> Deuteronomio 28:1-2

No necesitamos perseguir las bendiciones, porque ellas nos perseguirán a nosotros si sencillamente hacemos lo que Dios nos pide que hagamos. La mayoría de personas están tan ocupadas persiguiendo bendiciones e intentando obtener lo que creen que quieren de la vida, que no obedecen a Dios. Sus actos son contraproducentes y nunca producirán los resultados que ellos desean. Si ponemos a Dios en primer lugar en nuestras vidas, Él añadirá todas las cosas que necesitamos y deseamos (Mateo 6:33).

> *Pero debes saber que, si no obedeces al Señor tu Dios ni cumples fielmente todos sus mandamientos y preceptos que hoy te ordeno, vendrán sobre ti y te alcanzarán todas estas maldiciones.*
>
> Deuteronomio 28:15

En los pasajes anteriores vemos la ley de la siembra y la cosecha en acción. Sigue a Dios y cosecha cosas buenas; rebélate contra Dios y obtendrás una cosecha de cosas malas. La extraordinariamente buena noticia, sin embargo, es que si has sembrado malas semillas (desobediencia), no tienes que tener temor, porque lo único que necesitas hacer es comenzar a sembrar buenas semillas (obediencia) y verás la bondad de Dios en tu vida.

Conozco a un joven que tiene dieciocho años y se crió en un buen hogar cristiano, pero ha escogido ir por su propio camino y hacer todas las cosas equivocadas que posiblemente pueda hacer. Casi parece que se dirige a la autodestrucción, pero es inconsciente de lo que está haciendo. Sus padres no están enojados con él, están tristes por él. Están enojados con el diablo que le ha persuadido para que vaya en la dirección equivocada, pero están orando y esperando su regreso a Dios y a ellos. Con unas cuantas sinceras palabras de arrepentimiento por parte de él, ellos volverán a recibirle sin reproche ni condenación. Si un padre puede hacer eso, ¡cuánto más puede hacerlo nuestro Dios perfecto!

¡No tienes que vivir con temor a que Dios esté enojado contigo! Aparta tu vista de tu conducta pecadora y mira a Dios en cambio.

¿Un problema mayor que el pecado?

Creo que la Escritura demuestra que nuestra incredulidad es un problema mucho más grande que nuestros pecados. El pecado siempre puede ser perdonado para aquellos que se arrepienten y creen, pero cuando existe incredulidad, las manos de Dios están atadas cuando se trata de ayudarlos.

La Palabra de Dios enseña que nos será hecho según creamos. En otras palabras, cuando yo creo que Dios está enojado conmigo debido a mis imperfecciones, no importa lo mucho que Él me ame y quiera perdonarme y restaurarme, pues yo no lo recibiré porque no lo creo.

Nuestra incredulidad es una tragedia cuando se trata del buen plan de Dios para nuestras vidas. Él anhela que creamos en Él, que acudamos a Él con una fe sencilla como la de un niño, y que confiemos en lo que Él nos dice en su Palabra.

Dios llamó a Moisés a llevar liberación a su pueblo. Realmente fue algo que Moisés había anhelado; sin embargo, cuando Dios finalmente dijo que había llegado el momento de que Moisés actuara, él se negó a creer que podía hacer lo que Dios le estaba pidiendo que hiciera. Moisés puso una excusa tras otra hasta que finalmente la Biblia registra que "el Señor ardió en ira contra Moisés" (Éxodo 4:14).

En palabras sencillas, ¡Dios se enojó porque Moisés no creyó! Él finalmente obedeció a Dios, y desde luego Dios fue fiel.

Aprendemos del apóstol Pablo en el libro de Hebreos que a los israelitas nunca se les permitió entrar en el reposo de

Dios mientras viajaban por el desierto debido a la dureza de su corazón y su negativa a creer en las promesas de Él. La incredulidad nos hace desdichados y nos roba toda bendición que Dios desea para nosotros; también hace que Dios se enoje. Él tiene tanto deseo de que seamos bendecidos en todos los aspectos, que cuando hacemos cosas que evitan sus bendiciones eso le hace enojar. Es un enojo santo, y no un enojo egoísta como el que nosotros experimentamos en nuestra humanidad. Es importante que recordemos que el enojo de Dios está dirigido hacia nuestra conducta pecaminosa en lugar de hacia nosotros. Puede que yo aborrezca algo que uno de mis hijos hace, pero siempre amo a mi hijo.

Si te sientes culpable en este momento y tienes temor a que Dios esté enojado contigo, entonces eres desdichado. Pero tu desdicha puede cambiar inmediatamente y transformarse en paz y gozo al creer simplemente la Palabra de Dios. Cree que Dios te ama y que está listo para mostrarte misericordia y perdonarte por completo. Cree que Dios tiene un buen plan para tu vida. ¡Cree que Dios no está enojado contigo!

Pecadores en manos de un Dios enojado

Jonathan Edwards, uno de los mayores predicadores que el mundo haya conocido jamás, dio un sermón titulado *Pecadores en manos de un Dios enojado*. Es considerado por muchos el sermón más famoso jamás predicado. La respuesta de aquellos que oyeron el mensaje no fue menos que increíble. Con frecuencia lloraban durante la predicación de Edwards, preguntando cómo podían salvarse, y acudían en masa al altar para obtener salvación. Fue un mensaje aterrador acerca del enojo de Dios hacia el pecado y los peligros de ser enviados al infierno.

No quiero que lo que voy a decir sea una crítica al mensaje de Edwards, porque es evidente que Dios lo usó de manera poderosa. Pero sí me pregunto por qué las personas responden al enojo de Dios con más rapidez que hacia su amor y misericordia. Para ser sincera, eso me entristece. Prefiero mucho más que mis hijos respondan a mi amor que a una amenaza de castigo si no me obedecen, y estoy segura de que a ti te pasará lo mismo con tus hijos. No puedo evitar creer que Dios es igual con sus hijos. Sin duda, Él no quiere tener que asustarnos para conseguir que obedezcamos mediante amenazas de nuestro final en el infierno. Puede que funcione en las vidas de algunas personas, y supongo que eso es mejor que nada, pero no puedo creer que sea el método preferido de Dios para tratar con nosotros.

También me pregunto si las personas que se arrepienten debido a que están asustadas por el pensamiento de un castigo eterno continúan con Dios, o si algunos quizá regresan a sus viejos caminos. Dudo de que una buena relación pueda construirse sobre el temor.

El amor es más fuerte que el temor, y si respondemos al amor de Dios, eso echará fuera todos nuestros temores. Podemos responder obedientemente a Dios porque sabemos que Él nos ama en lugar de hacerlo porque tenemos temor al castigo.

> *Sino que el amor perfecto echa fuera el temor. El que teme espera el castigo, así que no ha sido perfeccionado en el amor.*
>
> 1 Juan 4:18

Yo desperdicié muchos años viviendo con un vago temor de que Dios estaba enojado conmigo, y hasta que no recibí su amor por la fe no fui liberada de esa carga. Yo creía que Dios me amaba de cierta manera general e impersonal, pero no conocía el feroz y consumidor amor que Dios tiene por sus hijos.

Afortunadamente, con el paso de los años he llegado a

conocer ese amor increíble y apasionado, y verdaderamente me ha liberado. Ahora sé que Dios no está enojado conmigo; ¡Él ni siquiera está molesto conmigo! Y no se debe a mi maravilloso yo; se debe sencillamente a que Él está enamorado de mí. Ya no tengo temor a acercarme a Él tal como soy.

Dios quiere hacer lo mismo por ti, y no necesitas tener temor a su enojo ni siquiera un momento más. ¡Dios te ama perfectamente e incondicionalmente *en este momento*! Créelo, recíbelo y permite que te libere de todo temor.

Creo que es insultante para Dios cuando creemos que Él está enojado y lleno de ira, solamente a la espera de castigar cada una de nuestras malas obras. Si pasamos nuestro tiempo creyendo que Dios está enojado con nosotros, nos enfocamos en lo que hemos hecho mal, en lugar de enfocarnos en lo que Dios ha hecho bien al enviar a su Hijo a pagar por nuestros pecados. Sin duda, todos pecamos, y a Dios no le gusta eso, pero creo que es más fácil de lo que pensamos llevarnos bien con Él. Él es bueno, amable, misericordioso y lento para la ira, perdonador, fiel y justo. Él ha de ser amado, adorado, alabado, y merece nuestra gratitud. Y sí, debemos temer a Dios, pero es un respeto y asombro reverencial el que Él quiere que tengamos hacia Él, y no un temor enfermizo, debilitante y atormentador que destruye la intimidad y la relación con Él. Él quiere que le temamos, pero que no tengamos miedo de Él; existe una inmensa diferencia entre ambas cosas.

Quizá necesites una perspectiva de Dios totalmente nueva. Una perspectiva bíblica y no una cosmovisión como la que muchos tienen en la actualidad. Puedo asegurarte que a pesar de lo que hayas hecho o lo que puedas estar haciendo en este momento sea equivocado y pecaminoso, Dios te ama, y aunque puede que Él esté enojado por tus caminos, nunca ha dejado de amarte, ¡y nunca lo hará!

Si recibes su amor precisamente en medio de tu imperfección, te capacitará para cambiar tus caminos con la ayuda de Él. El temor no nos ayuda a cambiar verdaderamente. Puede que nos provoque a controlar nuestra conducta durante algún tiempo, pero a menos que seamos cambiados en el interior, nunca cambiaremos permanentemente. Siempre regresaremos a nuestro pecado en momentos de estrés y debilidad. Pero si recibimos el amor de Dios incluso mientras somos aún pecadores, nuestra gratitud por su gran misericordia nos hará querer agradarle en lugar de tener miedo de Él.

CAPÍTULO 2

Mentalidad de obras

Nuestras mejores obras están tan manchadas de pecado, que es difícil saber si son buenas obras o malas obras.

Charles Spurgeon

Nuestro temor a que Dios esté enojado con nosotros está arraigado en el temor a que no hemos cumplido tal como se esperaba. No obtuvimos un sobresaliente en nuestro examen espiritual, no llegamos a nuestra meta, perdimos los nervios, y ahora estamos decepcionados con nosotros mismos, y estamos seguros de que también Dios está decepcionado.

La verdad es que Dios ya sabía que no cumpliríamos como se esperaba cuando decidió amarnos. ¡A Dios nunca le agarran por sorpresa nuestros fracasos! Mientras estemos en lo que yo denomino la cinta andadora de "cumplimiento/aceptación", inevitablemente sufriremos decepción con nosotros mismos y un temor poco sano a que sea más que probable que Dios esté enojado. Pero Dios no nos ha pedido que cumplamos; Él nos pide que creamos.

Nuestra primera meta es desarrollar una relación con Dios basada en su amor por nosotros y en el nuestro por Él. Cuando nuestra relación con Dios es un sólido fundamento en nuestras vidas, podemos pasar a hacer buenas obras que sean guiadas espiritualmente, pero las haremos por deseo y no por temor. Seremos libres para hacer lo mejor que podamos, y no llegar a estresarnos por nuestras imperfecciones.

Pero no debemos levantarnos de la cama cada día e intentar cumplir para Dios y para las personas a fin de obtener su aprobación, su aplauso y su aceptación. Deberíamos tener la meta de amar a Dios y a las personas, y hacer todo lo que podamos por ninguna otra razón excepto que amamos a Dios y queremos sinceramente hacer las cosas correctas.

Es momento de ser libres de la trampa de hacer lo correcto para ser recompensados, y aprender a hacer lo correcto porque es correcto. Dios sí nos recompensa, pero nuestro motivo para servirle debe ser el amor, y solamente el amor. No podemos responder a Dios con amor hasta que estemos totalmente convencidos de que Él nos ama incondicionalmente.

Nosotros amamos a Dios porque él nos amó primero.

1 Juan 4:19

Dios no es como el entrenador del béisbol que está decepcionado con nosotros cuando fallamos en el último tiro y hacemos que el equipo pierda el partido. Dios sabía que fallaríamos antes de dejarnos salir a jugar el partido. La Biblia nos muestra que Dios conoce nuestros fallos y aun así nos ama. La belleza de la gracia es que "nos dio vida con Cristo, aun cuando estábamos muertos en pecados" (Efesios 2:4-5).

Dios ya nos ha aceptado; por tanto, no tenemos que intentar cumplir a fin de ganarnos su aceptación. Somos hechos aceptos en el Amado (Jesús) (Efesios 2:6). Dios nos ve aceptables por medio de Jesucristo. Cuando Dios mira a cualquiera que haya aceptado a Jesús como Salvador y Señor, ve la perfección de Jesús, y no la imperfección del individuo. Cuando hemos recibido a Jesús como nuestro Salvador, lo único que importa es quiénes somos en Cristo, y no nuestro registro de rendimiento. Por nosotros mismos, no somos nada y no podemos hacer nada perfectamente correcto. Pero en virtud de estar en Cristo, por fe podemos hacer cualquier cosa que Dios quiera que hagamos y hacerlo según la satisfacción de Él. Dios no requiere nuestra perfección...Él requiere nuestra fe.

Sal de la cinta andadora

¿Es tu mentalidad: "debo, debo, así que a trabajar voy"? Fue la mía por muchos años. Cada día cuando me levantaba, sentía que tenía que pagar por todos mis pecados y errores del día anterior, y por eso formulaba un plan con respecto a lo buena que sería, esperando ganarme mi camino de regreso al favor y el agrado de Dios. Durante aquella época, regularmente asistía a una iglesia que enseñaba que la salvación es por gracia y no por obras. Yo decía que lo creía, pero no lo aplicaba a mi vida.

Aunque hacía algunas cosas correctamente cada día, también hacía muchas cosas mal que ensombrecían lo poco que hacía bien, y por eso nunca avanzaba. Al día siguiente seguía teniendo una deuda por el día anterior, y tenía que volver a subirme a la cinta andadora. Al final de cada día estaba agotada espiritualmente, mentalmente, físicamente y emocionalmente por tratar de agradar a Dios; y eso me hacía estar malhumorada, y no era muy agradable estar cerca de mí.

Aún no tenía revelación de lo que Jesús dijo en el libro de Mateo:

> *Vengan a mí todos ustedes que están cansados y agobiados, y yo les daré descanso.*
>
> Mateo 11:28

Mi traducción de este versículo de la Escritura era algo parecido a lo siguiente: "Baja de la cinta andadora de cumplimiento/aceptación y tan sólo ven a mí. Confía en mi amor por ti y está segura de que no eres aceptada debido a lo que puedes hacer, sino debido a lo que yo he hecho por ti. Da un suspiro de alivio y no estés estresada por tus faltas".

¿Cuánto anda mal en ti?

Si hicieras una lista de todo lo que anda mal en ti, ¿qué longitud tendría? Puedo asegurarte que incluso si escribieses todo lo que se te ocurriera, e incluso si pidieras a familiares y amigos que añadieran otras cosas, te seguirían faltando muchas. Dios las conoce todas, y su deseo es que dejemos de contar. Si llegásemos con una herramienta para cortar y cortásemos una vez el cable eléctrico que llega hasta nuestra casa, nos quedaríamos sin electricidad. Si lo cortásemos diez veces, estaríamos sin electricidad. Ya sea que pequemos con frecuencia o en contadas ocasiones, seguimos teniendo cortada la línea de poder entre nosotros y Dios, y lo único que necesitamos es restaurarla. Incluso si crees que eres mejor que alguna otra persona que conoces, eso no importa, porque Dios no está contando. Según la Palabra de Dios, si dependemos de la ley para justificarnos y somos culpables de una cosa, entonces somos culpables de todas. Afortunadamente, Él nos ofrece una oportunidad de vivir bajo la gracia y no bajo la ley.

> *Porque el que cumple con toda la ley pero falla en un solo punto ya es culpable de haberla quebrantado toda.*
>
> Santiago 2:10

Conocí a una mujer que hacía una lista de todo lo que ella quería lograr cada día. Se deleitaba en ir tachando cosas de su lista porque eso le daba un sentimiento de éxito. Sin embargo, cuando le quedaban cosas en su lista, eso le hacía sentirse como un fracaso y normalmente se enojaba consigo misma. Siempre estaba contando cosas. Ropa que tenía que planchar, tareas que quedaban por hacer, cantidad de tiempo que le tomaba hacer las cosas, y otras muchas. Recuerdo que contaba la cantidad de tiempo que oraba, y mantenía notas precisas de cuántos pasajes de la Biblia leía cada día, como si su posición correcta delante de Dios aumentara o disminuyera debido a ello. He sido liberada del conteo, la mujer de la que estoy hablando ha sido liberada del conteo, y es mi oración que también tú seas liberado de contar lo que has hecho bien o mal. ¡La gracia de Dios nos hace libres del conteo! El amor no tiene en cuenta el mal realizado, y no guarda rencor (1 Corintios 13:5). ¡Dios no tiene largos conteos! Cuando nosotros ponemos un débito (un pecado) en nuestra cuenta, Él pone un crédito (perdón y misericordia). En Cristo, ¡nuestro balance de lo que le debemos a Dios es siempre cero! Siempre dice: "Pagado por completo".

La ley requiere que contemos y que mantengamos informes precisos de nuestros pecados, y que paguemos por ellos con sacrificios. Quienes viven bajo la ley nunca dejan de sentirse culpables. Su pecado puede que sea cubierto por su sacrificio de buenas obras, la pérdida de gozo o la culpabilidad, pero nunca es totalmente cancelado. Siempre se cierne entre las sombras acusándoles. Sin embargo, si vivimos bajo la gracia (favor inmerecido de Dios), tenemos la seguridad de que aunque seamos culpables de muchas cosas, somos perdonados libremente y por completo, y estamos en una posición correcta delante de Dios. ¡Dios no está enojado con nosotros!

Pedro dijo que Jesús murió, el inocente por los culpables, para poder llevarnos a Dios (1 Pedro 3:18). ¿Estás preparado para dejar de contar y sencillamente acudir a Dios? Cuando cometes errores, no huyas de Dios y te escondas con temor pensando que Él está enojado; en cambio, corre hacia Él para arreglar lo que está mal. Cuando un niño está aprendiendo a caminar y se cae, corre hasta su mamá y su papá para encontrar consuelo, y es consolado y alentado para que pruebe otra vez. Recientemente he pasado mucho tiempo con mis dos nietos más pequeños. Cuando los veo a lo largo del día, cuando se meten en problemas o se hacen daño inmediatamente corren hacia mamá y papá. He observado que ellos nunca huyen de sus padres; corren hacia ellos o se quedan sentados en el piso levantando sus brazos, pidiendo que los agarren. Jesús murió para que tú y yo pudiéramos correr hacia Dios cada vez que caigamos. Sin duda, un regalo tan costoso no debería ser desperdiciado.

En raras ocasiones, cuando mi perra tiene un accidente y defeca en el piso (lo cual normalmente sucede durante una tormenta), agacha su cabeza y se esconde hasta que me oye decir con fuerte voz: "Ven aquí". Puedo asegurarte que cuando oye esas palabras, no le queda ni una gota de culpabilidad. Regresa a sus juegos simplemente como si no hubiera hecho nada incorrecto. ¡Ella juega y yo limpio la suciedad! ¿Es posible que Dios nos esté ofreciendo la misma gracia? ¡Sí, así es! Para evitar que ella vuelva a hacer lo mismo, rocío el lugar con PeZyme™ (para quitar el olor). Nosotros tenemos algo mucho más potente que PeZyme™ para eliminar el olor de nuestras heces; tenemos la sangre de Jesucristo en la cual somos lavados y hechos completamente limpios (Hebreos 10:14, 17-19).

Jesús nos ha limpiado por completo. Él ha perdonado y cancelado nuestros pecados, y ya no hay ninguna ofrenda que pueda hacerse. No tenemos que trabajar para pagar porque no debemos. ¡Nuestra deuda ha sido pagada por completo mediante la sangre, el sufrimiento y el sacrificio de Jesús!

¿Qué le estás ofreciendo a Dios como pago?

Si has estado en la cinta andadora del cumplimiento/aceptación, ¿qué le estás ofreciendo a Dios como pago por tus pecados? ¿Estás sacrificando tu disfrute de la vida? ¿Llevas una carga de culpabilidad, condenación y vergüenza contigo dondequiera que vas? ¿Trabajas excesivamente, sintiendo que eres más aceptable cuando lo haces? Esos eran mis métodos preferidos de autocastigo, y pensé que podrías reconocer alguno de ellos. Grandes porcentajes de las multitudes a las que ministro, cuando se les pregunta, admiten que se sienten culpables cuando intentan relajarse. Si también tú sientes eso, ¡no es Dios quien te hace sentir de ese modo! Él nos ha ordenado descansar como parte de su ritmo de vida divino. Trabajo, descanso, adoración y juegos son todos ellos vitales para estar saludables. Si dejamos fuera alguna faceta, no seremos individuos plenos, y siempre sentiremos que tenemos privación y nos falta algo.

No podemos hacer suficiente bien para compensar nuestro mal. No podemos pagarle a Dios; Él no quiere que intentemos hacerlo.

> Nadie puede salvar a nadie, ni pagarle a Dios rescate por la vida. Tal rescate es muy costoso; ningún pago es suficiente.
>
> Salmos 49:7-8

En algunos lugares, el Gran Cañón tiene nueve millas (14 kilómetros) de anchura. Yo quizá podría dar un salto de un metro; Dave podría saltar entre dos y tres metros, y un saltador podría saltar siete u ocho metros; pero todos estamos muy lejos de los catorce kilómetros, y bien muertos sin alguien que nos salve.

Gracias a Dios que hemos sido salvos y ya no tenemos que esforzarnos por hacer un salto que es imposible lograr.

Judah Smith cuenta una maravillosa historia sobre su hijo que establece un punto crucial.

> Mi hijo de cuatro años de edad, Zion, juega al fútbol. En realidad, eso es exagerar. Él corre por un campo con un grupo de otros niños de cuatro años, y de vez en cuando alguien accidentalmente se encuentra con la pelota.
>
> El otro día estaba yo en el entrenamiento, no en

*un partido, sólo un entrenamiento, y la pelota salió
del grupo y se dirigió hacia la portería contraria.
Entonces vi a Zion salir de entre el grupo persiguiendo la pelota, y entendí algo.*

*Ahora bien, el entrenamiento de fútbol para niños
de cuatro años es esencialmente un sustituto barato
del cuidado de día, de modo que yo era el único padre
que había en las bandas. Pero cuando Zion tuvo la
oportunidad de marcar un gol, uno habría pensado
que era la Copa del Mundo para niños.*

*Yo corría por las bandas gritando: "Golpea la
pelota, Zion, ¡golpea la pelota!". El entrenador probablemente pensó que yo necesitaba terapia, pero no
me importó. Era mi hijo, y era increíble.*

*Entonces, un milagro; él golpeó la pelota, la cual
salió rebotando desde su talón y entró en la portería.
Lo siguiente que supe fue que le llevaba sobre mis
hombros, recorriendo con él el campo y proclamando
lo estupendo que era.*

Y lo hice con sinceridad.

En esa ocasión, Zion cumplió bien, y su papá estaba in-
mensamente orgulloso. Pero yo conozco el carácter de Judah
Smith, y sé que él amará y aceptará a su hijo igualmente si
él falla por completo en el siguiente entrenamiento o partido
de fútbol. Como buenos padres, no tomamos y descartamos
nuestro compromiso de amar a nuestros hijos.

Algunos de nosotros somos demasiado emotivos: demasiado arriba y demasiado abajo. Hoy hice algo bien y Dios
se agrada. Pequé, y Dios está enojado conmigo. ¿Has oído
alguna vez del conocimiento previo de Dios? Él conoce, y
siempre ha conocido, nuestros fracasos en el futuro. Si nos
ama ahora, sabiendo lo que haremos mal mañana, entonces
¿por qué dudamos? ¡Acepta la gracia y sigue adelante!

Es una muy buena noticia que no tengamos que agotarnos diariamente intentando manifestar una actuación perfecta de modo que Dios pueda amarnos. Él nos ama de todos modos, así que hagamos todo lo que podamos con un corazón de amor por Dios, y confiemos en su misericordia en nuestros fracasos.

CAPÍTULO 3

Perfeccionismo y aprobación

Nadie es perfecto...por eso los lapiceros tienen borradores.

Anónimo

Cuando Carlos era un niño, cada otoño su papá le daba la tarea de barrer las hojas caídas de los árboles. Era una tarea difícil para un muchacho joven y le tomaba horas terminarla, pero lo hacía sin ninguna discusión. Cuando terminaba su tarea, decía: "Papá, te va a encantar; ¡el jardín se ve increíble!".

Cada otoño, su papá tenía la misma respuesta cuando terminaba su inspección del jardín. "Se ve bien, hijo, pero te dejaste algunas hojas allí...y otras cuantas allá...y hay algunas más al lado de la puerta". El papá de Carlos era un perfeccionista, y Carlos nunca sentía que estaba a la altura de las expectativas de su papá".

El perfeccionismo es un frío y estéril síntoma de una mentalidad legalista. Jesús reprendió a los fariseos cuando dijo: "Atan cargas pesadas y las ponen sobre la espalda de los demás, pero ellos mismos no están dispuestos a mover ni un dedo para levantarlas" (Mateo 23:4).

Los fariseos eran estupendos para hacer sentir a otros que no estaban a la altura. Eso es lo contrario a la gracia, y quizá por eso Jesús se opuso tan vehementemente a la conducta de los fariseos. Satanás es el acusador de los hermanos, y se deleita en intentar hacernos sentir que no estamos a la altura de las expectativas de Dios.

Dios no sólo no espera que seamos perfectos, sino que precisamente *porque* no somos perfectos y nunca lo seremos, Él envió a Jesús para salvarnos y al Espíritu Santo para ayudarnos en nuestra vida diaria. Si pudiéramos hacerlo por nosotros mismos, no necesitaríamos ayuda. Jesús no vino a hacernos personas perfectas sin ningún error, sino que vino a perdonar nuestras imperfecciones y a borrarlas ante los ojos de Dios. En realidad somos perfectos por medio de Jesús, pero nunca podemos ser perfectos por nuestro propio rendimiento.

Jesús sí dijo: "Sean perfectos como su Padre celestial es perfecto", pero un estudio del idioma original revela que quería decir que debemos crecer hacia la completa madurez de piedad en mente y carácter. La idea de crecer no me asusta ni me abruma, porque es un proceso que continúa a lo largo de toda nuestra vida. A mí me encanta aprender, cambiar y crecer. Sin embargo, cuando pensaba que se me ordenaba "ser perfecta ahora mismo", sí me sentía asustada y me abrumaba, porque sabía que yo no era perfecta y tampoco sabía cómo podría llegar a serlo. Ahora sé que aún seguiré creciendo incluso cuando Jesús regrese para llevarme al cielo. Dios no está decepcionado con que no hayamos llegado a manifestar una conducta perfecta, sino que se deleita en encontrarnos creciendo hacia la madurez.

> *Esforzarse por la excelencia motiva; esforzarse por la perfección es desmoralizador.*
>
> Harriet Braiker

Somos llamados a ser excelentes, pero Dios deja fallos incluso en sus santos más escogidos de modo que siempre le necesiten a Él. Me gusta decir que excelencia no es perfección, sino es tomar aquello con lo que uno debe trabajar y hacer todo lo que pueda con ello, a la vez que confía en Jesús para rellenar los espacios vacíos.

Un corazón perfecto

Aunque no creo que podamos obtener un rendimiento perfecto, sí creo que podemos tener un corazón perfecto delante de Dios. Eso significa que le amamos con sinceridad e integridad, y queremos agradarle y hacer lo correcto. Cuando recibimos a Jesús como el sacrificio perfecto por nuestros pecados, Él nos da un nuevo corazón y pone su Espíritu en nosotros. El corazón que nos da es un corazón perfecto. Me gusta decir que Él nos da un nuevo "querer". Él nos da un deseo de agradarle a Él.

> *Yo les daré un corazón íntegro, y pondré en ellos un espíritu renovado. Les arrancaré el corazón de piedra que ahora tienen, y pondré en ellos un corazón de carne.*
>
> Ezequiel 11:19

¿Amas a Dios? Creo que le amas, o no estarías leyendo este libro. Si no tienes una relación íntima de amor con Dios, probablemente estés buscando una, y Dios también se agrada de tu deseo de conocerle. Hay mucho en la vida que yo no sé, y mucho sobre Dios que sigo sin comprender por completo, pero sí sé que le amo tanto como posiblemente puedo en este momento en mi viaje espiritual con Él. Espero amarle más a medida que crezco en Él, pero por ahora confío en que mi amor por Él es en lo que Él se deleita. Probablemente tengas ese mismo tipo de amor por Dios, pero puede que no hayas llegado a la conclusión de que tu amor por Dios es lo más importante para Él. Dios quiere que le amemos debido a quién es Él, y no sólo por lo que Él hace por nosotros.

Puede que sigas pensando que tienes que cumplir perfectamente para poder tener su aceptación. Si crees eso, ¡es una mentira! El diablo te ha mentido, las personas te han desviado, estás confundido, y la verdad es que Dios no espera de nosotros que seamos perfectos en nuestro rendimiento.

Piensa en tus hijos o en otras relaciones íntimas que tengas. ¿Realmente crees que cualquiera con quien tienes una relación va a ser perfecto todo el tiempo? ¡Desde luego que no lo crees! Yo ya sé que habrá momentos en que Dave o mis hijos me decepcionarán o no me tratarán precisamente bien, pero estoy comprometida con ellos para toda la vida, de modo que ya he decidido perdonarlos. Puede que tenga que pasar por el proceso del perdón cada vez que ellos me hieran, pero finalmente les perdonaré y seguiremos adelante en nuestra relación.

Dios tiene ese mismo tipo de compromiso con sus hijos, sólo que el suyo es incluso más perfecto que el nuestro como padres podría ser jamás. Dios ya sabe que tú y yo no manifestaremos perfección, y ya ha decidido perdonarnos. ¡Vaya! Eso quita la presión, ¿verdad? Cuando Jesús murió por nuestros pecados, pagando el rescate para redimirnos, murió no sólo por los pecados que hemos cometido en el pasado, sino también por cada cosa mala que haríamos mientras vivamos. Todos nuestros pecados ya son perdonados, pasados, presentes y futuros, y lo único que tenemos que hacer es admitirlos y recibir agradecidamente el perdón de Dios. Estamos seguros en los brazos de Él y somos completamente cubiertos por su gracia. Lo único que Él realmente quiere es que le amemos, y debido a ese amor hagamos todo lo que podamos para servirle y obedecerle. Estoy convencida de que si yo hago todo lo que pueda cada día, aunque lo mejor de mí sigue siendo imperfecto, Dios ve mi corazón y me considera perfecta de todos modos debido a su gracia (favor y bendición inmerecidos).

En 1 Reyes 11:4 leemos que David también tenía un corazón perfecto. Ahora bien, si sabes algo acerca de David, sabrás que él no fue perfecto en su conducta. Cometió asesinato y adulterio, pero Dios dice que tenía un corazón perfecto. ¡Tan sólo intenta comprender eso con tu cerebro religioso! ¿Cómo pudo Dios decir que el corazón de David era perfecto? Pudo decirlo porque David se arrepintió sinceramente de su pecado, y aunque pecó grandemente, nunca dejó de amar a Dios. Manifestó debilidad debido a las tentaciones de la carne, y sí, fue culpable y manifestó una conducta muy equivocada. Lo que él hizo no sólo hirió a Dios, sino que también hirió a muchas otras personas. David fue un hombre imperfecto con un corazón perfecto.

Se dice de Amasías, rey de Judá, que hizo lo recto delante de Dios, pero no con un corazón perfecto o intachable. Hay personas que hacen lo correcto pero su corazón está lejos de Dios. Los fariseos tenían una conducta política, pero a causa de su orgullo, sus corazones estaban llenos de crítica y juicio. Yo creo que Dios se deleita más en alguien que tiene un corazón perfecto y comete errores de lo que se deleita en alguien que sigue la ley hasta en lo más mínimo pero cuyo corazón no es recto.

Si quieres ser liberado de la tiranía del perfeccionismo, tendrás que entender la diferencia entre un corazón perfecto y un rendimiento perfecto. La siguiente historia muestra cómo un don con errores puede ser totalmente perfecto ante los ojos de un padre o una madre.

"Imagina una tarde de sábado soleada, húmeda y muy calurosa en el mes de agosto. Estás cortando el césped. Llevas unas tres cuartas partes del trabajo hecho, y sudas profusamente. Tu hijo de cinco años ha estado jugando en el terrero. Cuando te giras para dar otra pasada con el cortacésped, le ves delante de ti con un vaso lleno de agua con hielo. Cuando los ojos de ambos se encuentran, él levanta el vaso hacia ti ofreciéndote su frío refresco. Apagas el cortacésped y agarras el vaso. Cuando lo tomas, te das cuenta de que hay arena del terreno mezclada con el hielo, pedacitos de césped están flotando en la superficie y sucias gotitas de agua bajan por los lados del vaso. Esa es una imagen de la perfección cristiana y de lo que Jesús quiso decir cuando dijo: sean perfectos como mi Padre es perfecto. ¿Era esa agua con hielo totalmente perfecta? Claro que no; tenía césped, arena y suciedad. ¿Qué hacía que el vaso de agua con hielo fuese perfecto? Era el corazón puro, genuino, sincero y amoroso de un muchacho que quería hacer algo amable y amoroso por su padre".

La tiranía de los debiera y debería

Realizamos una encuesta en nuestra oficina, preguntando a nuestros empleados cuál era una de sus mayores preocupaciones en su caminar con Dios. La respuesta número uno fue: "¿Cuándo puedo saber que estoy haciendo lo suficiente?".

El perfeccionismo es alimentado por la tiranía de los *debería* y *debiera*. Es el constante sentimiento acosador de nunca hacer las cosas lo bastante bien o ser lo suficientemente buenos. Debiéramos hacer esto y aquello, o al menos más de eso, y deberíamos ser mejores de lo que somos. Deberíamos orar mejor, leer más la Biblia y ser más amables y más pacientes. Deberíamos ser menos egoístas, más amorosos, y así otras cosas. Nunca nos quedamos sin cosas en nuestra lista que nos hagan estar insatisfechos con nosotros mismos. Este sentimiento nos persigue en todas las áreas de la vida, pero más en nuestra vida espiritual que en cualquier otra área. Instintivamente queremos ser agradables a Dios, y tenemos un temor profundo a no serlo. ¡Creemos que Dios está enojado con nosotros!

Yo me crié en un hogar con un padre enojado a quien era imposible agradar. Pasaba cada momento que estaba despierta intentando agradarle, pero a pesar de lo que hiciera, vivía con el constante sentimiento de que probablemente él seguía estando enojado conmigo.

Los perfeccionistas normalmente tienen una baja autoestima, y esperan que más perfección en su rendimiento les permita sentirse mejor consigo mismos. Si nunca llegamos a sentirnos lo bastante bien con nosotros mismos, entonces es fácil creer que tampoco Dios está satisfecho con nosotros. Deberíamos aprender a amarnos a nosotros mismos, y a no estar en contra de nosotros mismos, rechazándonos a nosotros mismos o, aún peor, aborreciéndonos a nosotros mismos. Aprender a amarte a ti mismo es la esencia de recibir el amor de Dios. Es el bálsamo que lleva sanidad a tu alma herida. Hasta que recibamos el amor de Dios y aprendamos a amarnos a nosotros mismos a causa de ello, seguiremos estando enfermos en nuestra alma y viviendo vidas disfuncionales.

Recuerdo bien lo mucho que yo batallaba por ser fuerte y buena en todo momento, y continuamente sentía que no estaba a la altura de las expectativas de Dios. Puedo decir verdaderamente que pasé años de agonía antes de oír finalmente a Dios susurrar a mi corazón: "Joyce, está bien que tengas debilidades". Estoy segura de que Él había intentado enseñarme eso anteriormente, pero yo era incapaz de oírlo debido al pensamiento equivocado que tenía. Dios no me estaba diciendo que intentase ser débil, sino que me estaba dando a conocer que Él entendía que yo lo era, y que Él no estaba enojado conmigo a causa de ello.

Cuando Dios me dijo que estaba bien que yo tuviera algunas debilidades, sonaba demasiado bueno para ser verdad. Inmediatamente comencé un estudio bíblico de la palabra "debilidad", y descubrí que Jesús realmente entiende nuestras debilidades (Hebreos 4:15). Él las entiende porque tomó carne humana a fin de identificarse con nosotros, y fue tentado en todos los aspectos al igual que nosotros lo somos, y aunque Él nunca pecó, no se sorprende cuando nosotros caemos. Sin duda, no estoy diciendo que no deberíamos trabajar con el Espíritu Santo para vencer nuestras debilidades, sino que es un proceso, e incluso aunque venzamos algunas de ellas, habrá otras que aún permanecen. Deberíamos aprender a estar contentos con nuestro progreso en lugar de sentirnos culpables por todo lo que aún nos queda por recorrer.

Si nos enfocamos en nuestras debilidades, continuamente nos sentiremos desalentados, pero si nos enfocamos en nuestro progreso, eso aumenta nuestro gozo.

Mediante el estudio de la palabra "debilidad", también aprendí que Dios nos alienta a ser pacientes con los débiles. Se nos dice que soportemos las caídas de los débiles, que seamos pacientes y llevemos las cargas de los fallos morales los unos de los otros (Gálatas 6:1-2). Sin duda, si Dios espera que hagamos eso los unos por los otros, está preparado para hacerlo por nosotros. Dios nunca nos pediría que hiciéramos algo que Él no estuviera dispuesto a hacer.

Hay una hermosa historia de Dan Clark titulada "Cachorros a la venta" que nos muestra una hermosa imagen del amor terrenal que refleja el amor de Dios por nosotros:

Un niño vio un cartel en una tienda que decía: "Cachorros a la venta". Él siempre había querido tener un perrito, así que entro en la tienda y pidió ver a los cachorros. Enseguida, un hermoso Golden Retriever salió de la parte trasera, y cinco perritos le seguían. Uno de ellos iba un poco retrasado debido a lo que parecía ser una pata dañada. El niño preguntó cuánto costaban los cachorros, y le dijeron que treinta dólares. Él sólo tenía dos dólares y varias monedas, así que preguntó si podía pagar esa cantidad y después ir pagando cincuenta centavos cada semana hasta que el cachorro estuviera pagado por completo. Mientras el dueño pensaba en la propuesta del niño, le oyó decir: "Quiero el que tiene dificultades para caminar". El dueño dijo: "Ah, ese no lo vendería; lo regalaría". El niño dijo enfáticamente: "No, pagaré el precio completo porque vale lo mismo que el resto de los cachorros". El dueño le dijo al niño que no le recomendaba aquel perrito porque, como estaba cojo, nunca podría ser capaz de correr y jugar como otros perritos, y que no se divertiría mucho. El niño insistió en que quería el cachorro cojo, y mientras el dueño intentaba otra vez hacerle cambiar de parecer, de repente el niño se levantó el pantalón revelando una pierna dañada que llevaba un fuerte soporte del metal. Él dijo: "Quiero al perrito cojo porque le entenderé y le amaré tal como es".

Muchas personas en el mundo sienten que no tienen valor y que nadie las quiere porque tienen fallos, ¡pero Jesús las entiende y las quiere! Su poder se perfecciona en nuestra debilidad (2 Corintios 12:9). Su amor y total aceptación nos dan la valentía de vivir con confianza en medio de nuestras imperfecciones.

Tienes permiso para tener debilidades y no tener que esforzarte constantemente por lograr algo que no puede lograrse. Probablemente estés sintiendo el mismo temor y haciendo la misma pregunta que yo hice cuando me atreví a creer esta liberadora verdad. "Si creo que soy libre para tener debilidades, ¿no invitará eso al pecado cada vez más?". La respuesta es no, no lo hará. La gracia y el amor de Dios, y la libertad que ofrece, nunca nos lleva a pecar más, sino que nos lleva a enamorarnos radicalmente de Jesús. Cuanto más entendemos que Él nos ama tal como somos, más le amamos nosotros a Él, y ese amor por Él nos hace querer cambiar por el motivo correcto.

Creyentes del nuevo pacto que
viven bajo el antiguo pacto

Dios dio a Israel la ley por medio de Moisés. Era un sistema que decía que si ellos guardaban su ley, Él les daría bendición. Cuando fracasaban, se requerían sacrificios por parte de ellos o del sumo sacerdote que estaba en lugar de ellos. Esos sacrificios hacían expiación por sus pecados. Se les dieron leyes que les decían cuáles eran las cosas correctas que hacer, pero no se les dio ninguna ayuda para hacerlas. Ellos tenían que intentar ser buenos, pero fracasaban y tenían que hacer sacrificios para compensar sus errores. Esta explicación es, desde luego, muy básica y simplista, pero espero que servirá para mi propósito en esta parte del libro.

Bajo el antiguo pacto, el pecado podía ser cubierto por esos sacrificios, pero nunca eliminado. El sentimiento de culpabilidad relacionado con el pecado siempre estaba presente, pero la buena noticia es que Dios ha hecho un nuevo pacto con el hombre, y lo ratificó o selló con su propia sangre. Es un mejor pacto, y muy superior al antiguo. El antiguo pacto fue iniciado con la sangre de animales, pero el nuevo pacto fue iniciado con la sangre sin pecado de Jesucristo.

Bajo el nuevo pacto, Jesús cumplió o guardó toda la ley del antiguo pacto y murió en nuestro lugar para pagar por nuestros pecados y malas obras. Él tomó el castigo que nosotros merecíamos, y prometió que si creíamos en Él y en todo en lo que hizo por nosotros, Él para siempre estaría en nuestro lugar, y nuestra responsabilidad de guardar la ley sería cumplida en Él. El problema que tenemos ahora es que muchos creyentes del nuevo pacto sí creen en Jesús y le aceptan como su Salvador, pero siguen viviendo bajo el antiguo pacto al intentar guardar la ley con sus propias fuerzas. El antiguo pacto se enfocaba en lo que el hombre podía hacer, pero el nuevo pacto se enfoca en lo que Dios ha hecho por nosotros en Jesucristo. (Lee Hebreos 8 y 9 para estudiar más este aspecto).

La ley no puede perfeccionarnos

Ya que [la ley] no perfeccionó nada. Y por la otra, se introduce una esperanza mejor, mediante la cual nos acercamos a Dios.

Hebreos 7:19

La ley es perfecta, pero no puede perfeccionarnos porque no tenemos la capacidad de cumplirla perfectamente. Deberíamos evitar vivir bajo normas y regulaciones pensando que si las cumplimos perfectamente, Dios se agradará. El principio del pecado en nuestra carne en realidad es incitado y avivado por la ley.

Digamos que María asistía a una iglesia que era muy estricta en cuanto a la asistencia a la iglesia. Si ella se perdía una reunión, un anciano de la iglesia le llamaba para descubrir por qué no había ido. Además, requerían que sus miembros leyeran la Biblia completa cada año y asistieran al menos a una de las reuniones de oración cada semana. Requerían de todos los miembros de la iglesia que sirvieran en alguna área en la iglesia. Tenían que trabajar en la guardería, o hacer trabajo voluntario de algún tipo. Ahora bien, todas esas cosas puede que sean cosas buenas en sí mismas, pero el propio hecho de que se presentasen como normas a seguir avivaría algo en la carne de María que le causaría resentirse a hacerlas. María finalmente no querría ir a la iglesia, aborrecería la lectura de la Biblia y la oración, y se sentiría presionada para servir en la iglesia.

Cuanto más nos dicen que no podemos hacer algo, más queremos hacerlo. Si María cree que no puede perderse ni una sola reunión sin que le cuestionen, eso solamente hará que no quiera ir. Tristemente, esa es la naturaleza humana. Si repetidamente le dices al pequeño Juan que no toque la mesa de cristal, llegará a estar muy interesado en tocarla aunque anteriormente puede que ni siquiera hubiese notado que estaba ahí. Incluso si está demasiado asustado para tocarla delante de ti, sin duda alguna la tocará cuando crea que no puedes verle hacerlo. Tu ley en contra de tocar la mesa de cristal en realidad ha despertado en Juan un interés en hacerlo.

La ley es buena, pero no puede hacernos buenos. Solamente Dios puede hacer eso al darnos una nueva naturaleza, un nuevo corazón y su Espíritu. La ley señala nuestras debilidades, pero Jesús nos fortalece en ellas. La ley nos muestra nuestro problema, ¡pero Jesús resuelve nuestro problema!

Dios nos dio la ley para que finalmente supiéramos que necesitábamos un Salvador. Nosotros queremos hacer lo correcto, pero no tenemos capacidad para hacerlo aparte de la continua ayuda de Dios. Es interesante entender que Dios dio las normas para que descubriésemos que no podíamos cumplirlas. La ley realmente está pensada para llevarnos hasta el extremo, o hasta el final del esfuerzo propio y de las obras de la carne. El deseo de Dios para nosotros es que aprendamos a depender de Él en todas las cosas.

Él no quiere que confiemos en nosotros mismos, y no nos permitirá tener éxito mientras lo hagamos. La ley es perfecta, santa y recta, y nos muestra lo que es el pecado. La ley tenía la intención de dirigirnos hacia Jesús, y no de esforzarnos cada vez más por la perfección. Tiene la intención de hacernos plenamente conscientes de que necesitamos a Dios, y de hacernos aprender a confiar en Él. Jesús dijo: "separados de mí no pueden ustedes hacer nada" (Juan 15:5).

Un enfoque legalista de nuestra relación con Dios puede realmente robar cada gota de vida que haya en nosotros y dejarnos agotados y exhaustos hasta que muramos a la ley y comencemos a vivir para Cristo, en Cristo y por medio de Cristo.

Yo, por mi parte, mediante la ley he muerto a la ley,
a fin de vivir para Dios.

Gálatas 2:19

Aunque ya no me esfuerzo por lograr la perfección, sí deseo hacer lo mejor que pueda cada día. No para ganarme el amor o la aceptación de Dios, sino sencillamente porque le amo. Te aliento a que hagas lo mismo.

Cuando amamos a Dios, nunca puede "no importarnos" el mejorar nuestra conducta, pero debemos entender plenamente que la aceptación de Dios hacia nosotros nunca está basada en nuestra conducta sino en nuestra fe en Jesús. Nuestra encuesta en la oficina reveló que muchas personas sencillamente querían saber cuándo habían hecho lo suficiente. Muchos de ellos estoy segura de que habían hecho lo máximo, pero seguían sintiéndose presionados a hacer más, y eso es imposible. Podemos hacer todo lo posible, pero no podemos ofrecer a Dios perfección, y no deberíamos sentirnos presionados a hacerlo.

Escuché una historia de un estudiante que entregó un trabajo a su profesor, y el profesor escribió en la parte de abajo: "¿Es esto lo mejor que puedes hacer?", y se lo devolvió. Sabiendo que no era lo mejor que podía hacer, el estudiante volvió a hacer el trabajo, y una vez más el profesor se lo devolvió con la misma frase escrita en la parte de abajo. Eso sucedió durante tres o cuatro veces, y finalmente cuando el profesor preguntó si era lo mejor que él podía hacer, pensó seriamente por un momento y respondió. "Sí, creo que esto es lo mejor que puedo hacer". Entonces su profesor le dijo: "Bien, ahora lo aceptaré". Creo que esta historia nos enseña que lo único que Dios quiere es lo mejor que podamos hacer, y Él puede trabajar con eso incluso cuando lo mejor de nosotros no sea perfecto.

CAPÍTULO 4

La ansiedad y el enojo del perfeccionista

Dicen que nadie es perfecto. Entonces dicen que la práctica hace la perfección. Me gustaría que cambiasen de parecer.

Winston Churchill

Sandra es una estupenda joven que ha batallado con el enojo y el perfeccionismo. Aquí está su historia con sus propias palabras.

"Desde que puedo recordar, he trabajado desesperadamente duro en lo que yo llamo la 'cinta andadora' del logro intentando ser aceptable ante mí misma. Tengo una fuerte tendencia hacia el perfeccionismo, y parece que no puedo descansar a menos que todo lo que hay en mi lista haya sido logrado. Rara vez me permitía a mí misma descansar, o incluso si era descanso físico, no podía desconectar mentalmente o emocionalmente. No entendía lo que iba mal, pero sentía como si estuviese trabajando todo el tiempo, y vivía con una tremenda frustración.

"Quería desesperadamente estar en paz pero parecía que no podía lograrlo. Mi esposo durante veinte años es una persona a quien le encanta la paz, y me observaba frustrarme continuamente con la vida, y oraba por mí para que yo pudiera ver lo que me estaba haciendo a mí misma. Sí, ¡me lo estaba haciendo a mí misma!

"Estaba ansiosa y enojada la mayor parte del tiempo, e

incluso si me las arreglaba para no mostrarlo, lo sentía en mi interior. No estaba enojada con mi familia... ¡sólo enojada conmigo misma por no ser capaz de hacerlo todo! Me sentía un fracaso al final de cada día porque establecía metas irrealistas y ridículas (imposibles de lograr) para mí misma. Cuando veía que no iba a lograr todo lo que había planeado hacer, sentía pánico e intentaba trabajar más duro y con más rapidez. Desde luego, mi familia podía sentir la frustración con la que yo vivía, y si necesitaban mi ayuda con algo mientras yo estaba en modo pánico, eso me hacía sentir aún más pánico, y estaba ansiosa y enojada conmigo misma. Cuanto más me necesitaban ellos, más sentía yo que era un fracaso.

"Esa había sido la historia de mi vida, y aunque sabía que algo en mi vida no era correcto, no podía señalar exactamente con mi dedo lo que era. Después de todo, ¿qué podría haber de malo en querer hacer todo bien? Incluso había veces en que sentía que aborrecía mi vida, lo cual era confuso para mí porque tenía un maravilloso esposo y dos hermosas hijas, y una bonita casa. Además de eso, he conocido a Jesús como mi Salvador desde que tenía diez años de edad. Entonces ¿por qué aborrecía mi vida y me sentía infeliz? Lo que realmente aborrecía era el hecho de que sentía que lo único que yo hacía siempre era trabajar. En realidad pensaba que mi horario y todo lo que tenía que hacer era mi problema. Frecuentemente decía: 'Siento que lo único que hago siempre es trabajar'.

"Durante los últimos meses de 2011 me encontré clamando a Dios como nunca antes y diciendo: 'Sencillamente no puedo seguir viviendo así, Dios. ¡Necesito ayuda de verdad!'. El Año Nuevo comenzó, y el día 2 de enero durante mi tiempo devocional con Dios le pregunté si había alguna cosa en particular que Él quisiera que yo 'lograse' en 2012. Bien, Él ciertamente no quería que yo intentase 'lograr' otra cosa, pero sí tenía muchas cosas que decirme aquella mañana. Recuerdo teclear palabras en mi diario con tanta rapidez que apenas podía seguir el ritmo. Esto es lo que escribí:

> "*Mi resolución de Año Nuevo este año es pensar menos y reír más. Soy demasiado consciente de las cosas, y este año (2012) quiero ser más semejante a Jesús. Siempre he querido ser semejante a Jesús, pero de repente entendí que Jesús NUNCA se apresuraba, y NO estaba estresado y ansioso. Él NO estaba en una carrera consigo mismo, y nunca estaba enojado porque no marcaba como hecho todo lo que había en su lista ese día, porque para comenzar no tenía ninguna lista. ¡Jesús vivía en íntima comunión con su Padre y pasaba su tiempo ayudando y siendo bueno con la gente! Me bajo de la cinta andadora de los logros. He terminado con intentar obtener mi dignidad y valor por ser perfecta, de modo que las personas me admiren o que yo misma pueda admirarme. Dios piensa que soy especial, y envió a su Hijo Jesús a morir en la cruz por mí, y lo hizo para salvarme de mí misma y también de mi pecado. Dios me ama profundamente. Recibo su amor, y conscientemente lo asimilo, al igual que la respiración.*

"Aquel día después de teclear todo en mi diario, oré y le pedí a Dios que me perdonase por vivir como una necia en esta área.

"De inmediato noté que estaba respondiendo de manera diferente en diversas situaciones. Día tras día, prestaba atención a asegurarme de que el cambio fuese real y no algo que se evaporase tan rápidamente como llegó. Cuando pasaron algunas semanas, me di cuenta de que el día 2 de enero, Dios me dio una revelación que estaba cambiando mi vida. Una de las cosas que observé fue que ahora veía lo que había logrado cada día en lugar de ver lo que no había logrado. ¡Había pasado de lo negativo a lo positivo! Tener trabajo por terminar ya no me molestaba. El sentimiento de ser un fracaso se había ido por completo. Anteriormente, apenas podía 'lograr lo suficiente' para satisfacerme a mí misma, pero ahora lo que lograba cada día era bastante bueno. Mi dignidad y mi valor ya no estaban en lo que lograba, sino en lo que Jesús había logrado por mí a causa de su profundo amor por mí.

"Desde entonces, ha habido desafíos a lo largo del camino y momentos en que tuve que aferrarme a propósito a mi libertad. Pero cuando comienzo a sentirme ansiosa, me detengo y dijo: 'Sandra, estás bien incluso si esta tarea no queda hecha ahora mismo'. El disfrute y la relajación es algo que yo no me permitía a mí misma disfrutar anteriormente, ¡pero me alegra decir que ahora es una parte regular de mi vida!

"Dios ha utilizado muchas cosas para reforzar mi libertad recién encontrada, incluyendo el libro de mi mamá titulado *Hazte un favor a ti mismo...perdona*. Yo necesitaba entender que Dios no estaba enojado conmigo, y perdonarme a mí misma por ser imperfecta, y su libro me ayudó a hacer eso.

"Siento como si hubiera vuelto a nacer de nuevo otra vez, ¡y es increíble cuántas cosas más logro desde que Dios me ha librado de intentar hacerlo!".

Sandra es mi hija, y estoy muy feliz por ella, porque yo la vi sufrir la mayor parte de su vida con la decepción consigo misma porque no podía ser perfecta. Recuerdo que hacía sus tareas de la escuela cuando era pequeña, rompiendo una hoja de papel tras otra y tirándolas a la papelera porque había cometido un error y no era perfecto. Ella estaba ansiosa, frustrada y enojada, pero ahora siente paz, está relajada y feliz. Lo mismo está a disposición de todo aquel que lo necesite y esté dispuesto a creer la verdad de la Palabra de Dios. Declara con valentía: "No tengo que ser perfecto, y no estoy

enojado conmigo mismo". Ahora di en voz alta: "¡Dios no
está enojado conmigo!".

Una conciencia demasiado sensible

La Biblia nos alienta a mantener una conciencia que esté
libre de ofensa hacia Dios y hacia el hombre. Pero si tenemos
una conciencia demasiado sensible, descubriremos que nos
sentimos culpables por muchas cosas que no parecen mo-
lestar a otras personas. Un síntoma del perfeccionismo o de
una mentalidad de cumplimiento/aceptación es la ansiedad.
La tiranía de todo lo que creemos que debiéramos hacer y deberíamos haber hecho o no hecho y la depreciación de nosotros mismos que crea produce una conciencia demasiado
sensible que está llena de ansiedad, culpabilidad y condenación. Yo sufría de una conciencia demasiado sensible porque
quería desesperadamente agradar a Dios, pero también tenía
mucho temor a no estar haciéndolo. Si mi esposo cometía
un error, él se sobreponía con tanta rapidez que me irritaba.
Me irritaba porque cuando yo cometía errores sufría durante
días agonizando a causa de ello, y parece que no podía qui-
tarme de encima el sentimiento de culpabilidad que producía
mi conciencia demasiado sensible.

A mi padre terrenal le encantaba hacerme sentir culpable
aunque yo no siempre estaba segura de lo que había hecho
mal. Suponía que su enojo significaba que yo era culpable de
algo. Después de dieciocho años de práctica, mientras vivía
en casa con mis padres, yo no tenía experiencia alguna de
ningún modo de vivir de otra manera que no fuese sintién-
dome "culpable". Ahora sé que me sentía erróneamente mal
conmigo misma todo el tiempo, y cuando Dios me liberó a
través de su Palabra y del Espíritu Santo, ¡en realidad pasé
por un período en que me sentía culpable por mi falta de culpabilidad! Le digo a la gente: "No me sentía bien si no me

sentía mal". Esa es ciertamente una atadura profunda, pero afortunadamente puedo decir que ahora rara vez me siento culpable, y si soy convencida de pecado, inmediatamente me arrepiento, pido el increíble perdón de Dios y lo recibo, y sigo adelante disfrutando de mi vida y de la comunión con Dios. La misma libertad de la que Sandra hablaba, y de la que estoy hablando ahora, está disponible para ti si la necesitas.

Las personas que viven con culpabilidad, con frecuencia hacen un compromiso muy profundo con Dios de mejorar y de intentarlo con más fuerza. Quieren desesperadamente librarse de un sentimiento de culpabilidad, pero yo sé por experiencia que tan sólo 'intentarlo con más fuerza' no es la respuesta; de hecho, normalmente aumenta el problema. En una conferencia cristiana o en un servicio en la iglesia puede que suene plausible hacer un compromiso más profundo y pensar: "Voy a intentarlo con más fuerza". Pero de regreso al mundo real, tarde o temprano cometemos errores y descubrimos una vez más que no somos perfectos, y nos sentimos incluso más derrotados que antes.

Cuando las personas lo intentan con mucha fuerza y siguen experimentando fracaso, una nube de condenación con frecuencia se cierne sobre ellas y fácilmente pueden creer que no hay esperanza, pero en Cristo siempre hay esperanza. El profeta Zacarías sugirió que las personas fuesen "cautivas de la esperanza" y recibirían una bendición doble a cambio de lo que habían perdido (Zacarías 9:12). Ser un cautivo significa que estamos encerrados y no podemos salir de un cierto lugar o cosa. Vive tu vida encerrado en esperanza e incapaz de alejarte de ella, y verás que suceden cosas increíbles. A pesar de lo que hayas tenido que atravesar o pudieras estar pasando en este momento, puedes esperar (tener fe) que Dios está obrando a tu favor en este momento y que verás los resultados de su obra en tu vida. No tienes que ser un cautivo de tus circunstancias, sino en cambio puedes ser un cautivo de la esperanza.

Hay libertad de una conciencia demasiado sensible, y se encuentra en el estudio de la Palabra de Dios. Cuanto más estudiamos y llegamos a conocer a Dios personalmente, más conocemos la verdad, y la verdad nos hace libres poco a poco. Si sufres culpabilidad crónica, por favor no te desesperes, sino sigue estudiando la Palabra como el mensaje personal de Dios para ti. Expulsará la oscuridad de tu alma y tendrás una conciencia sana que puede recibir convicción del Espíritu Santo, pero no condenación de parte del diablo.

Legisladores

El perfeccionista puede transformarlo todo fácilmente en una ley o una regla que hay que cumplir. Cuando nosotros hacemos leyes e intentamos cumplirlas, siempre nos sentiremos culpables si no las cumplimos. Durante lo que yo denomino "mis años desgraciados", yo hacía una ley de muchas cosas; un ejemplo era limpiar la casa. Tenía que estar limpia cada día, y me refiero a todo sin polvo, espejos resplandecientes, pisos barridos y aspirados, etc. No me permitía a mí misma salir con amigas y disfrutar o relajarme de cualquier manera hasta que la casa estuviera totalmente limpia. Si intentaba disfrutar me sentía culpable, no porque realmente hubiera hecho nada mal sino porque estaba viviendo bajo leyes que yo había hecho para mí misma. Cuando los niños llegaban a casa después de la escuela y comenzaban a desordenar las cosas en la casa, yo me ponía boca abajo, como ahora les digo amablemente. Les molestaba todo el tiempo para que recogieran las cosas. Llegaba al extremo en que ellos realmente no podían relajarse en mi presencia durante gran parte del tiempo. Afortunadamente, Dios me cambió antes de que se causara mucho daño, y estoy contenta de poder decir que ahora todos tenemos estupendas relaciones.

Me sentía mejor conmigo misma cuando todo lo que me rodeaba estaba limpio y ordenado, pero el modo en que nos sentimos con nosotros mismos debería provenir del interior y no del exterior. ¿Qué tipo de leyes has creado para tu propia vida? Cualquier cosa que sea una ley se convierte en algo que estás obligado a hacer, y no en algo que te gusta hacer. Si la oración y el estudio bíblico es una ley para ti, entonces probablemente lo aborrezcas y te resulte difícil hacerlo, pero si entiendes que es un privilegio y no una ley, puedes disfrutarlo.

Dios quiere que nos disciplinemos a nosotros mismos y tengamos buenos hábitos, pero no quiere que hagamos leyes para nosotros mismos y para otras personas. La ley quita la vida a cualquier cosa que hagamos. La ley mata, pero el espíritu vivifica (2 Corintios 3:6). La única manera en que algo puede ser lleno de vida y de alegría es si somos guiados por el Espíritu Santo a hacerlo, y si nuestra motivación para hacerlo es el amor por Dios y querer glorificarle.

Habrás hecho una ley de algo cuando te sientas culpable si dejas de hacerlo una sola vez, aunque sea por una buena razón. Yo hago ejercicio con mucha regularidad y para ser sincera no me gusta nada perdérmelo, pero no me siento culpable si eso pasa. Me encanta pasar tiempo con Dios, pero no miro el reloj mientras lo hago a fin de poder calcular un tiempo prescrito de antemano que yo creo que necesito emplear. Me sigue gustando una casa limpia, pero ya no me siento culpable si todas mis tareas no las termino al final del día, porque hacerlo no es una ley para mí. Lo haré, pero disfrutaré de mi vida en el proceso. ¡Esa es la voluntad de Dios para nosotros! Él no quiere que vivamos una vida rígida y orientada hacia las reglas que no tiene gozo alguno en ella.

A continuación tienes un ejemplo que puede que te ayude

a entenderlo mejor. Dave y yo creemos firmemente que Dios quiere que ayudemos a los pobres, y frecuentemente ayudamos a personas que están mendigando en las esquinas de las calles, pero no ayudamos a todo el mundo. No es una ley para nosotros, sino algo en lo que somos guiados por el Espíritu Santo a hacer o no hacer. Puedo recordar sentirme culpable si no le daba algo a cada mendigo que veía, pero en mi corazón sentía que algunos de ellos no eran pobres, y que simplemente jugaban con las emociones de las personas como un modo de hacer dinero. Cuando daba a alguien debido al legalismo, no disfrutaba al hacerlo sino que me sentía obligada, pero ahora que he dado un paso de fe y he decidido confiar en mí misma lo suficiente para ser guiada por el Espíritu Santo en estas áreas y en otras, ya no me siento culpable si no doy, y siento gozo cuando lo hago. Durante la semana pasada hemos pasado al lado de tres personas que estaban pidiendo a un lado de la carretera, pero nos detuvimos y le dimos veinte dólares sólo a una. ¿Por qué? Sencillamente no teníamos paz con respecto a las dos primeras, pero cuando vimos al tercer hombre, Dave y yo nos sentimos guiados a ayudarle. Este tipo de decisiones no se toman solamente con la mente, sino que son discernidas en el espíritu.

El apóstol Pablo nos da una estupenda perspectiva en el capítulo 7 de Romanos acerca de no hacer leyes de las cosas, sino en cambio aprender a ser guiados por el Espíritu Santo.

> *Pero ahora, al morir a lo que nos tenía subyugados,*
> *hemos quedado libres de la ley, a fin de servir a Dios*
> *con el nuevo poder que nos da el Espíritu, y no por*
> *medio del antiguo mandamiento escrito.*
>
> Romanos 7:6

Creo que con frecuencia hacemos leyes de las cosas porque tenemos temor a confiar en nosotros mismos para ser guiados por el Espíritu de Dios. Te insto a que te niegues a vivir una vida legalista y confíes en que Dios te enseñará a ser guiado claramente por Él en todas las cosas.

¿Qué pensarán los demás?

Las personas perfeccionistas son muy sensibles a lo que otros piensan de ellas, y con frecuencia intentan con tanta fuerza agradar a tantas personas, que ellos mismos se pierden. Lo que quiero decir es que en un esfuerzo por agradar a los demás, rara vez siguen los deseos de su propio corazón y hacen lo que les agrada a ellos mismos o a Dios.

Algunas personas son adictas a la aprobación. No pueden sentir paz a menos que crean que todo el mundo se agrada de ellas, y eso es algo que es casi imposible de lograr. Sencillamente no podemos agradar a todas las personas todo el tiempo. La única manera de evitar la crítica es no hacer nada, no decir nada y no ser nada, y eso a mí no me resulta muy atrayente. La necesidad de ser popular puede hacerte ser neurótico y robar tu destino.

El apóstol Pablo dijo que si él hubiera intentado ser popular con las personas, nunca habría llegado a ser un apóstol de Jesucristo (Gálatas 1:10). Siempre que una persona es un líder de otras personas, otros le criticarán. Como líder, es imposible que yo tome una decisión que encaje perfectamente con todos, de modo que tengo que tomar mis decisiones basándome en lo que yo creo que Dios quiere que haga, y no en lo que las personas quieren que yo haga.

> *La única manera de evitar la crítica es no hacer nada, no decir nada y no ser nada, y eso a mí no me resulta muy atrayente. La necesidad de ser popular puede hacerte ser neurótico y robar tu destino.*

Si Pablo hubiera tenido una necesidad desequilibrada de

aprobación, no podría haber cumplido su destino. La Biblia afirma que Jesús se despojó de su reputación (Filipenses 2:7). También Él conocía la importancia de no estar demasiado preocupado por las opiniones de otras personas.

No siempre podemos agradar a Dios y agradar a las personas al mismo tiempo. Si estás demasiado preocupado por lo que los demás piensen de ti, entonces necesitas considerar seriamente lo que eso te va a producir a largo plazo. Las personas que son adictas a la aprobación, frecuentemente terminan "quemadas". Con frecuencia intentan hacer demasiado a fin de cumplir con todas las expectativas de las diversas personas que hay en sus vidas. Y eso les agota mentalmente, emocionalmente y físicamente. No son buenos en decir "no", y una vez más el problema del perfeccionismo (en este caso, el deseo de agradar a todos perfectamente) crea ansiedad y enojo. Cuando decimos "sí" a todos, nos sentimos utilizados y presionados desde muchas direcciones, y entonces nos enojamos. Pero nosotros mismos somos los únicos que podemos cambiar nuestra situación. Nosotros creamos muchos de nuestros propios problemas, y somos los únicos que podemos resolverlos. No desperdicies tu tiempo pidiendo a Dios que cambie algo para lo que te ha dado a ti la capacidad de cambiar. No te quejes y vivas un enojo silencioso mientras al mismo tiempo sigues haciendo las cosas que te hacen enojar.

Aunque es cierto que las personas no deberían presionarnos para que hagamos todo lo que ellas quieren que hagamos, es igualmente cierto que nosotros somos quienes tenemos la responsabilidad de permitirnos intentar agradarles hasta el punto en que eso nos cause sentirnos presionados. No culpes a otra persona por tu fracaso a la hora de defenderte.

Las personas que salen del molde de lo que la mayoría de la gente consideraría conducta aceptable, normalmente son tachados de "rebeldes". ¿Son realmente rebeldes, o intentan ser honestos consigo mismos? ¿Estaba Pedro saliendo del molde de lo que era normal cuando se bajó de la barca y comenzó a caminar sobre el agua después de que Jesús le invitase a hacerlo? Los once discípulos que se quedaron dentro de la barca probablemente pensaron que Pedro era un necio. Con frecuencia juzgamos a las personas que hacen lo que a nosotros secretamente nos gustaría hacer, pero que no hacemos por temor a lo que pensaran los demás.

Puedes comprar amigos y aceptación permitiendo que las personas te controlen, pero tendrás que mantenerlas de la misma manera que las obtuviste. Se vuelve muy agotador después de un tiempo, y terminarás sintiendo rencor hacia ellos precisamente por lo que tú mismo les permitiste hacer. Yo he llegado a creer que si nunca puedo decir no a una persona a fin de mantener una relación con ella, entonces probablemente esa sea una relación que no necesito.

A veces, personas que creemos que están enojadas con nosotros no están enojadas en absoluto; nuestros temores son los que nos dan esa percepción. Al igual que podemos pasar nuestra vida pensando que Dios está enojado con nosotros y no es así, también podemos imaginar que otras personas no nos aprueban, cuando en realidad puede que ellas ni siquiera estén pensando en nosotros. Niégate a pasar tu vida con temor a lo que piensan los demás, y comienza a confrontar ese temor. Llega hasta la raíz de todos tus temores, y probablemente descubrirás que la mayoría de ellos son infundados y que existen solamente en tu imaginación.

¿Cuál es la respuesta al dilema?

El camino a Dios no es un cumplimiento perfecto. Algunas personas entre una multitud preguntaron qué tenían que hacer para agradar a Dios, y la respuesta que Jesús les dio fue: "crean en aquel a quien él envió" (Juan 6:28-29). Es tan sencillo que lo pasamos por alto. ¿Necesitamos creer en Jesús? ¿Es *eso* todo? Sin duda, ¡Dios quiere más de nosotros que solamente eso! Más que ninguna otra cosa, Dios quiere que confiemos en Él y creamos su Palabra. Puedes bajarte de la cinta andadora de intentar ser perfecto, porque no puedes comprar ni ganarte el amor de Dios ni su favor, ni siquiera con un cumplimiento perfecto. ¡Sencillamente no está a la venta!

Si no podemos ganarnos la aprobación de Dios, entonces ¿cómo podemos conseguirla? Recibir la gracia de Dios que se proporciona en Jesús es la respuesta a este problema. Debemos saber que no es nada que nosotros hagamos, sino la increíble gracia de Dios la que nos invita a una relación de amor con Él. La gracia es un regalo que no podemos comprar con nuestras obras ni con ninguna otra cosa; sólo puede recibirse por la fe. ¡Gracia es el favor inmerecido de Dios! Es su amor, misericordia y perdón que están a nuestra disposición sin ningún costo. Gracia es también el poder para cambiarnos y transformarnos en lo que Él quiere que seamos. No hay ningún límite a la gracia de Dios, y está disponible para restaurarnos y levantarnos en cualquier momento en que caigamos. Puedes ser libre hoy del enojo y la ansiedad que se producen por el perfeccionismo al renunciar a tus propias obras y confiar plenamente en la obra que Jesús ha hecho por todos nosotros. Recuerda que la obra que Dios requiere de ti es que creas en aquel a quien Él ha enviado (Juan 6:28-29).

La gracia no sólo nos perdona, sino que también nos capacita para perdonar a quienes nos han herido en la vida. El enojo reprimido acerca del modo en que otros nos han tratado es con frecuencia la raíz del perfeccionismo y el enojo y la ansiedad que causa. Perdonar a quienes han abusado de nosotros o a nuestros enemigos es una parte importante de nuestra propia sanidad. Mientras estamos aprendiendo a no estar enojados con nosotros mismos por nuestras imperfecciones, aprendamos también a dar a otros la misma gracia que Dios nos da a nosotros.

En su seminario para hombres, David Simmons, exjugador de los Dallas Cowboys, habla sobre su hogar en la niñez. Su padre, un militar, era muy demandante, rara vez decía una palabra amable, siempre estaba castigándole con duras críticas e insistiendo en que debía mejorar. El padre había decidido que nunca permitiría que su hijo sintiera ninguna satisfacción a causa de sus logros, recordándole que siempre había nuevas metas por delante. Cuando Dave era un muchacho, su papá le regaló una bicicleta, desarmada, con el mandato de armarla. Después de que Dave se esforzase hasta el punto de llorar por las difíciles instrucciones y las muchas partes que tenía, su padre dijo: "Sabía que no podrías hacerlo". Entonces él mismo la armó.

Cuando Dave jugaba al fútbol en la secundaria, su padre era implacable en sus críticas. En el patio de su casa se después de cada partido, su papá repasaba cada jugada y destacaba los errores de Dave. "La mayoría de los muchachos sienten mariposas en el estómago antes del partido; yo las sentía después. Enfrentar a mi padre era más estresante que enfrentarme a cualquier equipo contrario". Cuando entró en la universidad, Dave odiaba a su padre y su férrea disciplina. Decidió jugar al fútbol en la Universidad de Georgia porque su campus estaba más lejos de su casa que cualquier otra escuela que le había ofrecido una beca. Después de la universidad, fue elegido en segunda vuelta en el club de fútbol profesional de St. Louis Cardinals. Joe Namath (que más adelante firmó con los New York Jets) fue el elegido del club en primera vuelta aquel año. "Emocionado, llamé por teléfono a mi padre para contarle la buena noticia. Él me dijo: '¿Cómo te sientes al ser el segundo?'".

A pesar de los odiosos sentimientos que tenía hacia su padre, Dave comenzó a construir un puente hacia su papá. Cristo había entrado en su vida durante sus años universitarios, y fue el amor de Dios el que le hizo acercarse a su padre. Durante las visitas a su casa, estimulaba conversaciones con él y escuchaba con interés lo que su padre tenía que decir. Supo por primera vez lo que había sido su abuelo: un duro leñador conocido por su mal genio. Una vez destruyó una camioneta con un mazo porque no arrancaba, y con frecuencia golpeaba a su hijo. Ese nuevo conocimiento afectó mucho a Dave. "Saber sobre la crianza de mi padre no sólo me hizo ser más comprensivo hacia él, sino que también me ayudó a ver que bajo las circunstancias, él podría haber sido mucho peor. Cuando murió, puedo decir sinceramente que éramos amigos".

Es muy útil para nosotros recordar que "las personas heridas hacen daño a otros". No creo que muchas personas se despierten cada día con el pensamiento en su mente de procurar a propósito ver cuánto daño pueden hacer a todas las personas que hay en su vida; sin embargo, eso es con frecuencia lo que hacen exactamente. ¿Por qué? Normalmente porque sufren y tienen problemas no resueltos en su propia vida.

La sanidad de las emociones dañadas que con frecuencia causan perfeccionismo toma tiempo, pero a pesar de lo largo que sea tu viaje, por favor recuerda que Dios te ama en cada paso del camino. Vi una pegatina para autos que decía: "¡CUIDADO! ¡Dios está trabajando! ¡Persona en progreso!".

Si tienes temor a no ser perfecto, ya no necesitas tener temor. Puedo asegurarte que no eres perfecto, así que ni siquiera sigas pensando en ello. Pero también puedo asegurarte una cosa más, y es la siguiente: "¡Dios no está enojado contigo!".

CAPÍTULO 5

Problemas paternos

Aunque mi padre y mi madre me abandonen, el Señor me recibirá en sus brazos.

Salmos 27:10

Cuando oímos sermones sobre los padres desde el púlpito, con frecuencia hay una barrera entre el mensaje y quienes los escuchan. Para muchos oyentes (o lectores), en cuanto escuchan la palabra *padre* se levantan muros. A causa de padres abusivos, padres negligentes y padres ausentes, nuestra imagen de Dios como padre se ha vuelto distorsionada e incluso dolorosa.

Si alguien tuvo un padre enojado, es bastante natural ver a Dios Padre también como una persona enojada. Por eso es tan importante abordar los problemas paternos en este libro. Espero que tú seas una de las bendecidas personas que tuvieron un papá increíble, pero para muchos no es ese el caso.

Leí que aproximadamente el 25 por ciento de los hogares estadounidenses son hogares monoparentales, y normalmente es la madre quien está. Del otro 75 por ciento, muchos padres están enojados, son abusivos o rara vez están en casa. Mi padre era abusivo y estaba enojado, y estoy segura de que esa es la razón principal por la que yo sufrí por tanto tiempo pensando que también Dios estaba enojado. La atmósfera en el hogar donde me crié era muy tensa. En la casa, el objetivo de todos era evitar que papá se enojara, pero parecía que a pesar de lo que hiciéramos, él seguía encontrando una razón para estar enojado. Era prácticamente imposible de complacer. Ahora sé que él estaba enojado consigo mismo debido al pecado en su vida, pero en lugar de confrontarlo, lo desviaba hacia otras personas. Mientras encontrase algún fallo en otra persona, no tenía que mirar sus propios errores.

Mi padre abusó sexualmente de mí por muchos años, se emborrachaba cada fin de semana y mostraba arrebatos violentos en los cuales con frecuencia terminaba golpeando a mi madre. Ni siquiera sé cómo describir adecuadamente el intenso temor en que vivíamos. Sin duda, nunca me sentí querida ni cuidada.

Necesitamos sentirnos seguros

Una de nuestras necesidades más urgentes en la vida es sentirnos seguros; pero los niños que crecen con padres enojados, ausentes o abusivos con frecuencia no se sienten seguros. Tienen un sentimiento de inminente condenación o peligro que se cierne sobre ellos la mayor parte del tiempo. Dios quiere que nos sintamos seguros con Él. Él es un Padre amoroso, amable, perdonador, generoso, paciente y fiel. Pero para quienes tienen problemas paternos, esa verdad es muy difícil de creer.

En su libro *Holy Sweat* (Sudor santo), Tim Hansel da la imagen perfecta de un niño que se siente seguro:

> *Un día, mientras mi hijo Zac y yo estábamos en el campo escalando por algunos desfiladeros, escuché una voz desde arriba que gritaba: "¡Oye, papá! ¡Agárrame!". Me giré y vi a Zac que alegremente saltaba desde una roca directamente hacia mí. Había saltado y después había gritado "¡Oye, papá!". Me convertí al instante en un artista de circo, y le agarré, y ambos caímos al suelo. Durante un momento después de haberle agarrado, apenas*

*podía pronunciar palabra. Cuando volví a recuperar
mi voz, dije exasperado: "¡Zac! ¿Puedes darme una
buena razón por la que hiciste eso?". Él respondió
con una notable calma: "Claro... porque tú eres mi
papá". Su plena seguridad estaba basada en el hecho
de que su padre era confiable. Él podía vivir la vida
al máximo porque podía confiar en su padre".*

La completa confianza de Zac en su padre le capacitaba
para vivir la vida con libertad y sin temor. Tristemente, muchos de nosotros no tuvimos esa experiencia con nuestro
padre terrenal, pero podemos tenerla ahora con Dios Padre.
Dios es, sin duda alguna, distinto a las personas. Si tu padre
terrenal estuvo ausente, necesitas saber que Dios Padre es
omnipresente, y eso significa que Él está en todo lugar todo
el tiempo. Nunca podrás estar en cualquier lugar donde Dios
no esté contigo.

Si tu padre terrenal era abusivo o estaba enojado, tu Padre
celestial quiere darte recompensa por el modo en que te tra-
taron. Él promete darnos una doble recompensa por nuestros
anteriores problemas si confiamos en Él.

*En vez de su vergüenza, mi pueblo recibirá doble
porción; en vez de deshonra, se regocijará en su
herencia; y así en su tierra recibirá doble herencia,
y su alegría será eterna.*

Isaías 61:7

La promesa en este versículo me hizo atravesar muchos
días oscuros y difíciles mientras estaba trabajando en el proceso de sobreponerme al modo en que mi padre me había
tratado, y también te ayudará a ti si te apropias de ella personalmente. Recíbelo como una promesa directa de Dios para
ti. Él es un Dios de justicia. Le encanta enderezar las cosas
torcidas, y está esperando a hacerlo por ti.

La Palabra de Dios tiene poder para sanar nuestras almas heridas. Considera los siguientes versículos:

> *Él enaltece a los humildes y da seguridad a los enlutados.*
>
> Job 5:11

> *En paz me acuesto y me duermo, porque sólo tú, Señor, me haces vivir confiado.*
>
> Salmos 4:8

> *Infundiéndoles confianza para que no temieran. Pero a sus enemigos se los tragó el mar.*
>
> Salmos 78:53

> *Defiéndeme, y estaré a salvo; siempre optaré por tus decretos.*
>
> Salmos 119:117

> *Temer a los hombres resulta una trampa, pero el que confía en el Señor sale bien librado.*
>
> Proverbios 29:25

> *El Señor me librará de todo mal y me preservará para su reino celestial. A él sea la gloria por los siglos de los siglos. Amén.*
>
> 2 Timoteo 4:18

Considerar, pensar y meditar en partes de la Escritura como estas comenzarán a construir confianza hacia Dios en tu corazón. No tienes que intentar tenerla, tan sólo confía en que Dios y su Palabra hagan en ti la obra que sea necesario hacer. Su Palabra es poderosa y sana nuestro quebrantamiento.

El carácter de Dios

Cuando decimos que el carácter de una persona es honesto y confiable, queremos decir que siempre se puede contar con que esa persona dice la verdad, actúa con la mayor honestidad en todos sus tratos, y puede confiarse en que cumple su palabra. Un rasgo de carácter es algo que es parte de la persona; no es algo que la persona hace ocasionalmente, sino que lo hace todo el tiempo.

A fin de confiar en Él por completo, debemos conocer el carácter de Dios. Lo que se interpone entre conocer a Dios y no conocerle es buscarle. Dios requiere que le busquemos, que tengamos un intenso deseo de conocerle. Él afirma que si le buscamos, le encontraremos. Si no tienes deseo alguno de buscar y perseguir a Dios, entonces pídele que te lo dé. Veamos el carácter de Dios.

Dios es bueno

Dios es bueno, sin hacer acepción de personas. En otras palabras, Él es bueno con todos, todo el tiempo. Su bondad irradia de Él. Si recibiste abuso o fuiste abandonado en tu niñez, podrías preguntarte por qué, si Dios es tan bueno, no te libró de esas circunstancias. Yo entiendo esa pregunta, porque yo misma la he hecho muchas veces acerca de mi niñez. Dios me ha ayudado a lo largo de los años a entender que un padre tiene gran autoridad sobre un hijo, y cualquier decisión equivocada o pecaminosa que tome afecta de modo adverso a sus hijos, especialmente si no existe una contrapartida de una influencia buena en el hogar.

Por ejemplo, el padre de mi esposo era un alcohólico que estaba en casa la mayor parte del tiempo físicamente, pero en realidad ausente, ya que pasaba la mayor parte de su tiempo bebiendo en el sótano. Su única función en la familia era corregir a los hijos cuando no le gustaba lo que ellos hacían. Dave, sin embargo, parece no haber sido afectado por la conducta de su padre. Cuando él y yo hemos hablado de esto, hemos entendido que la piadosa influencia de su madre y su propia relación personal con Dios actuaron como antídotos para la conducta abusiva de su padre.

Si existe abuso en el hogar y no hay una influencia piadosa, es más que probable que un niño se vea adversamente afectado por la conducta del padre, pero siempre hay esperanza de recuperación. En cuanto las personas son lo bastante mayores para tomar sus propias decisiones, pueden escoger tener una relación con Dios que pueda sanarlo todo en su vida.

Para ser sincera, muy pocas personas se crían sin algún tipo de dolor emocional que deja cicatrices. Incluso si nuestros padres son buenos, aun así debemos tratar con el resto del mundo, y tarde o temprano nos encontraremos con alguien que nos hará daño. ¡Debemos saber cómo recibir sanidad de Jesús!

No todo en nuestra vida es bueno, pero Dios puede hacer que obre para bien si confiamos en Él. José sufrió mucho abuso a manos de sus familiares (sus hermanos) cuando era un muchacho, pero más adelante en la vida cuando tuvo una oportunidad de vengarse de ellos, dijo:

> *Es verdad que ustedes pensaron hacerme mal, pero Dios transformó ese mal en bien para lograr lo que hoy estamos viendo: salvar la vida de mucha gente.*
> Génesis 50:20

José pudo haber estado amargado, pero buscó el bien en su situación abusiva, y eso le ayudó a llegar a ser un hombre de Dios que fue utilizado para llevar ayuda a millones de personas en un período de hambruna. Dios no causó su abuso, pero sin duda Él lo utilizó para formar y capacitar a José para grandes cosas.

El motivo y el propósito de Dios es hacer bien a todo aquel que lo reciba de su parte. El apóstol Santiago dijo que no hay variación, ni siquiera el menor movimiento, en la bondad de Dios. Es imposible que Dios no sea bueno, porque es su carácter. Nunca pienses que Dios es como las personas, porque sus caminos y sus pensamientos están muy por encima de los nuestros (Isaías 55:8-9).

Dios es misericordioso

Dios es lento para la ira y grande en misericordia (Salmos 103:8). Este aspecto del carácter de Dios me resultaba difícil recibirlo porque mi padre fue un hombre muy, muy duro. Enseguida se enojaba, y siempre guardaba rencores. Si te cruzabas en su camino, te quedabas ahí por mucho tiempo.

Quizá nada de lo que tú hacías era lo bastante bueno para tu padre, pero Dios está contento con cualquier diminuto esfuerzo que hagamos para agradarle. En su misericordia, Él pasa por alto lo equivocado en nuestros esfuerzos y escoge ver lo correcto.

El Espíritu Santo tuvo que trabajar conmigo por mucho tiempo para finalmente hacerme entender la libertad y el gozo de tener un Padre celestial misericordioso que realmente quiere perdonar nuestras transgresiones. Es imposible merecer misericordia, y por eso es una pérdida de tiempo intentar pagar por nuestros errores con buenas obras o con culpabilidad. No nos merecemos misericordia, ¡pero Dios nos la da gratuitamente!

La misericordia supera las reglas. Puede que hayas crecido en un hogar que tenía muchas reglas, y si quebrantabas algunas de ellas, te metías en problemas. Aunque Dios sí quiere que guardemos sus mandamientos, entiende nuestra naturaleza y también está preparado para mostrar misericordia a cualquiera que la pida y la reciba.

> *Pero yo confío en tu gran amor; mi corazón se alegra en tu salvación.*
>
> Salmos 13:5

Aunque no experimentamos que las personas nos muestren mucha misericordia en el mundo, Dios la muestra en todo momento. Cuando aprendamos a recibir misericordia, entonces también seremos capaces de darla a otros, y eso es algo que la mayoría de las personas necesitan seriamente. La misericordia nos libera del temor al castigo, o de ser rechazados. Cuando yo rompía una de las reglas de mi padre, sabía que él me expulsaría de la relación, me haría sentirme aislada y encontraría un modo de castigarme. Estoy agradecida de poder decir que nunca he experimentado eso con mi Padre celestial desde que he llegado a conocer verdaderamente su carácter.

Dios es fiel

Tu padre terrenal puede que se haya alejado de ti, dejándote profundamente herido por su infidelidad y su deslealtad. Puede que incluso hayas pensado que fue culpa tuya que él se fuese, aunque eso no era cierto. Puede que hayas pensado que tu papá se fue porque tú eras malo, de modo que sería fácil pensar que si eres malo, Dios también te abandonará. Pero puedo asegurarte que Dios está en tu vida para quedarse.

Yo he experimentado la infidelidad de las personas muchas veces en mi vida, pero al mismo tiempo he experimentado la fidelidad de Dios. Sin duda, ¡Dios no es como las personas!

Dios promete que Él nunca te dejará ni te abandonará, sino que estará contigo hasta el final (Mateo 28:20).

Él está contigo en tus momentos de necesidad, y está planeando proveer para todas tus necesidades (Hebreos 13:5).

Dios está contigo cuando estás pasando por pruebas, y está planeando tu victoria (1 Corintios 10:13). Cuando todos los demás te abandonen, Dios se quedará a tu lado (2 Timoteo 4:16-17).

Veamos la actitud del apóstol Pablo:

> *Alejandro el herrero me ha hecho mucho daño. El Señor le dará su merecido.*
>
> 2 Timoteo 4:14

El apóstol Pablo confiaba en que Dios se ocuparía de toda la situación y le daría recompensa por el dolor que él había soportado. Pero ten en mente que solamente vemos esa recompensa cuando decidimos tener una actitud piadosa en medio de nuestro dolor.

> *En mi primera defensa, nadie me respaldó, sino que todos me abandonaron. Que no les sea tomado en cuenta. Pero el Señor estuvo a mi lado y me dio fuerzas.*
>
> 2 Timoteo 4:16-17

Los amigos de Pablo deberían haber permanecido a su lado cuando lo necesitaba, pero no lo hicieron. Y él en realidad pidió a Dios que no les tomase en cuenta su infidelidad. ¿Por qué? Creo que fue porque él entendía la debilidad de la naturaleza humana. No se enfocaba en lo que las personas no hacían por él, sino que se enfocaba en el hecho de que aunque todos los demás le habían abandonado, el Señor se mantuvo a su lado. Su Padre celestial fue fiel. No tenemos ninguna promesa de Dios de que las personas siempre serán fieles, pero sí tenemos su promesa de que Él será fiel en todo momento. Las personas pueden cambiar, pero Dios es inmutable.

Dios no puede mentir

Las personas pueden mentirnos. Mi padre me mintió; me prometía cosas y luego se negaba a hacer lo que había prometido cuando llegaba el momento. Recuerdo una ocasión en que él me había dicho que podía ir al cine con algunas amigas de la escuela el viernes en la noche, y cuando llegó el viernes, sin razón alguna me dijo que no podía ir, y yo quedé devastada. Con mi padre, cosas como esa sucedían todo el tiempo, pero Dios no puede mentir. Es imposible que su palabra no se cumpla, y podemos afirmarnos en ella con seguridad (Hebreos 6:17-19).

> *El cielo y la tierra pasarán, pero mis palabras jamás pasarán.*
>
> Marcos 13:31

Quizá sientas que Dios te defraudó en algún momento en tu vida, o que una de sus promesas no se hizo realidad para ti. Si es así, te insto a entender que Dios no siempre obra dentro de nuestro marco de tiempo o de las maneras en que nosotros escogeríamos, pero si sigues confiando en Él verás la bondad de Dios en tu vida. Confía en Dios en todo momento, y nunca abandones. Esta es una de las maneras en que podemos ser fieles a Dios, así como Él lo es con nosotros.

A pesar de lo infiel que pueda haber sido tu padre u otras personas, te aliento a no permitir que eso arruine tu vida. No hay un mejor día que el presente para comenzar de nuevo. Toma la decisión de creer que tu Padre celestial es fiel y nunca abandona.

Dios es fiel para perdonar

Dios es siempre fiel para perdonar nuestros pecados, tal como Él ha prometido que haría. A veces las personas no nos perdonarán, pero Dios siempre perdona el pecado y después lo olvida. También es bueno saber que no hay ningún límite para el perdón de Dios. Las personas con frecuencia tienen límites en cuanto a lo que están dispuestas a perdonar o cuántas veces están dispuestas a hacerlo, pero el perdón de Dios nunca se acaba. Las personas pueden decir que nos perdonan, pero entonces nos recuerdan lo que hicimos que les hizo daño; pero Dios nunca nos recuerda nuestros pecados pasados, porque los ha olvidado (Hebreos 10:17). Cuando se nos recuerdan nuestros pecados pasados no es Dios quien los trae a nuestra memoria, sino que es Satanás, el acusador del pueblo de Dios.

La fidelidad de Dios le rodea. Es parte de su carácter, y siempre podemos contar con que Él está con nosotros y hace todo lo que ha prometido hacer.

Dios es amor

Mi padre me decía todo el tiempo que me amaba, pero el tipo de amor que tenía era enfermizo e inmoral. Mi madre me decía que me amaba, pero no me protegía del abuso de mi padre aunque lo conocía. Mi primer esposo me decía que me amaba pero me fue infiel muchas veces. La lista podría continuar, pero estoy segura de que tú tienes una lista propia y probablemente te identifiques con lo que estoy diciendo. El punto que quiero establecer es que las palabras "te amo" para muchas personas son solamente palabras sin significado alguno.

Sin embargo, cuando Dios dice que nos ama, lo dice de verdad en todos los aspectos que son importantes y vitales para nosotros. Su amor siempre le mueve a la acción por nosotros, y el verdadero amor sólo puede conocerse por las acciones que impulsa (1 Juan 3:16-18). Verás y experimentarás el amor de Dios manifestado en tu vida si pones tu fe en ello. Deja que te pregunte si has decidido creer que Dios te ama incondicionalmente y que tiene un plan bueno para tu vida. Es mi oración que lo hayas hecho, y que comiences a esperar verlo manifestado en tu vida. Te aliento a que digas varias veces cada día en voz alta: "Dios me ama incondicionalmente, y algo bueno va a sucederme hoy". Al hacerlo, estás poniéndote de acuerdo verbalmente con la Palabra de Dios y ayudando a renovar tu propio pensamiento.

El amor de Dios (ágape) busca el bienestar de todos y no hace ningún mal hacia nadie. Busca una oportunidad de hacer bien a todos los hombres. El amor que Dios tiene es el amor de un ser perfecto hacia objetos totalmente indignos (nosotros). Produce en nosotros un amor por Dios y un deseo de ayudar a otros a buscar lo mismo.

La Palabra de Dios afirma que Él nos ama porque quiere hacerlo, y es su buena intención. Dios ama porque debe; así es Él ¡Dios es amor!

Aprender a recibir el amor incondicional de Dios es el fundamento para el resto de nuestra relación con Dios. ¿Cómo podemos confiar en las personas si no estamos seguros de que nos aman? ¿Cómo podemos esperar que sean buenas o fieles? ¡No podemos! Debemos dejar zanjada de una vez para siempre la pregunta: "¿Me ama Dios?". Sí y mil veces sí; ¡DIOS TE AMA!

Una vez más te alentaría a que vayas a la Palabra de Dios y dejes que ella te convenza.

> Dios nos escogió en él antes de la creación del mundo, para que seamos santos y sin mancha delante de él. En amor.
>
> Efesios 1:4

Leer este versículo una sola vez no te convencerá de que Dios te ama si dudas de que Él lo hace, pero si realmente comienzas a pensar seriamente en lo que dice, su poder

inundará tu alma y te dará una revelación de su amor que
será transformadora.

Dios decidió amarnos antes de que ni siquiera llegáramos
al planeta tierra. Lo único que se interpone entre nosotros y
el amor de Dios es que estemos dispuestos a creerle a Él y
recibirlo.

En el amor de Dios, Él escoge vernos como intachables y
sin reproche (culpabilidad), y nos aparta para sí mismo ha-
ciéndonos posesión suya.

El apóstol Pablo nos insta a no permitir que nada nos separe del amor de Dios, porque es ciertamente la fuerza más
capacitadora del mundo.

Hay, desde luego, muchos otros maravillosos aspectos del
carácter de Dios, pero he mencionado los que están en este
capítulo como una asistencia para ayudar a mis lectores a
zanjar los problemas paternos en sus vidas de una vez para
siempre. Dios está por encima de las personas, y sus caminos
son perfectos. Confía en Él y permite que su amor te sane.

Uno de los miembros del personal en Joyce Meyer Minis-
tries dice:

> Entregué mi vida a Cristo en 1984 pero, sin embargo,
> he pasado por dos matrimonios fallidos y muchos de-
> sengaños en mi vida. Aunque creía en Dios y amaba
> a Jesús, no creía que Dios me amase personalmente.
> A lo largo de la primaria y la secundaria me ridicu-
> lizaban y se burlaban de mí. Mi primer esposo me
> abandonó y se fue con una muchacha de diecisiete
> años sólo después de cuatro años de matrimonio. En
> mi último matrimonio durante veinte años, me había
> vuelto muy dependiente. Cuando terminó, me sentí
> querida y enojada, y una vez más era rechazada.
> Creía que era una fracasada. Mi autoestima estaba
> en su punto más bajo. Me habían dicho la mayor

parte de mi vida que era gorda y fea, y sentía que nadie podía amarme. Los hombres me utilizaban y yo desconfiaba mucho de ellos, especialmente de cualquier hombre que estuviera en autoridad sobre mí.

Suena muy fácil: "Tan sólo acepta este regalo del amor de Dios". Yo no me sentía querida. Me miraba en el espejo y veía el reflejo de una persona fea; en mi mente decía: "¿Quién podría amar algo así?". Años de rechazo y de dolor habían hecho que creyese esas mentiras. Ten en mente que yo servía a Dios y asistía a la iglesia durante todo ese tiempo, pero seguía creyendo que nadie podía amarme.

En 2010 me contrataron en el ministerio, y en el otoño de ese mismo año comencé a asistir a la iglesia del ministerio en el centro de la ciudad, St. Louis Dream Center. Las noches de los martes daban una clase titulada "Experimenta el abrazo del Padre". Yo deseaba entender el amor de Dios por mí, pero sabía que el viaje sería doloroso al revivir mis heridas del pasado a fin de entender por qué no podía comprender este concepto. Muchas viejas heridas fueron abiertas y sacadas a la luz. Tuve que perdonar a fin de seguir adelante con mi vida. La persona que enseñaba nuestra clase dijo: "Te desafío a ponerte delante del espejo y decir: 'Dios me ama' no sólo una vez sino de cinco a diez veces por día o cada vez que pases por delante de un espejo". Tenía que detenerme, mirar directamente a mis propios ojos y decirlo. Con renuencia seguí sus instrucciones. Me tomó varios meses, pero un día comencé a creerlo. ¡Verdaderamente creí que Dios me amaba! ¡A mí! ¡Vaya! ¡Soy amada!

CAPÍTULO 6

El dolor del rechazo

*El que los escucha a ustedes, me escucha a mí; el que
los rechaza a ustedes, me rechaza a mí; y el que me
rechaza a mí, rechaza al que me envió.*

Lucas 10:16

Puedes escapar de la atadura y el dolor del rechazo y
experimentar la libertad de la aceptación de Dios. Ninguno
de nosotros experimenta aceptación por parte de todo el
mundo en su vida, y aunque el rechazo duele, somos capaces
de mirarlo de modo realista y no vernos adversamente afec-
tados por él, pero muchos de nosotros experimentamos un
tipo de rechazo que daña nuestra alma. Es un dolor tan profundo que nos rechazamos y no nos gustamos a nosotros
mismos. Creemos que somos personas con fallos si la gente
nos rechaza y, por tanto, decidimos erróneamente que no tenemos valor. Esa mentalidad es muy dañina para nosotros,
porque Dios nos creó para el amor y la aceptación, y ninguna
otra cosa nos satisfará nunca. A menos que no los tengamos,
los desearemos, y puede que tristemente los busquemos en
todos los lugares equivocados.

Es interesante que muchas de las personas más exitosas
del mundo y muchos líderes mundiales sean personas que
tienen una **raíz de rechazo** en su vida. Eso significa que experimentaron sentimientos de rechazo que fueron tan pro-
fundos que afectaron a toda su manera de pensar, de sentir y
de comportarse durante toda su vida. El rechazo que sienten

está en la base de todas sus decisiones, e influencia toda su vida. Están tan decididos a demostrar que valen algo, que lo intentan con más fuerza que otros y finalmente tienen éxito, al menos en los negocios, el ministerio o la política. Pero con bastante frecuencia, aunque no siempre, *no* son exitosos en llegar a ser seres humanos plenamente formados y saludables. "Quienes son" está basado en lo que "hacen", y si alguna vez dejan de hacerlo, en ese instante vuelven a estar sin valor según su propia estimación. Todos debemos tener cuidado de permitir que nuestro valor descanse en lo que hacemos, porque a pesar de lo que sea que hagamos, llegará probablemente el día en que ya no lo seguiremos haciendo.

> *Todos debemos tener cuidado de permitir que nuestro valor descanse en lo que hacemos, porque a pesar de lo que sea que hagamos, llegará probablemente el día en que ya no lo seguiremos haciendo.*

No todo aquel que tiene una raíz de rechazo es exitoso a la hora de ascender hasta lo más alto de su profesión y, de hecho, puede que vaya al extremo contrario y se retire de la vida en general. Decide que si nunca prueba nada, entonces no puede ser rechazado por no tener éxito. Una cosa es segura: cualquiera que sea la forma en que respondemos al daño causado por el severo rechazo, siempre es una manera que está fuera de equilibrio. O bien trabajamos demasiado duro, o no hacemos nada en absoluto. O bien no tenemos ningún amigo o intentamos tener más amigos que cualquiera, a fin de demostrarnos a nosotros mismos que somos aceptables. No compramos nada para nosotros mismos porque no creemos que lo merezcamos, o hacemos de la búsqueda de las cosas materiales nuestro principal objetivo en la vida a fin de sentirnos completos.

Nuestro verdadero éxito y valor en la vida no se encuentran en escalar por lo que el mundo denomina la escalera del éxito.

No está en un ascenso en el trabajo, una casa más grande, un auto más bonito, o estar en los círculos sociales correctos. El verdadero éxito es conocer a Dios y el poder de su resurrección; saber que Él te ama incondicionalmente y que eres hecho aceptable en Jesús, el Hijo de Dios amado quien murió por ti para pagar por tus pecados. El verdadero éxito está en ser lo mejor que puedes ser, pero nunca en tener que ser mejor que otra persona para demostrar que eres valioso.

Un libro titulado *The Hidden Price of Greatness* (El precio escondido de la grandeza) relata las historias de muchos grandes hombres y mujeres de Dios que fueron utilizados por Él de maneras poderosas. Podemos aprender algunas poderosas verdades mirando el trasfondo de esos individuos. El libro explica que el sufrimiento en la niñez con frecuencia prepara la escena para una vida de lucha. Por ejemplo, el padre de David Brainerd murió cuando David tenía ocho años de edad, y su madre murió cuando él tenía catorce. Y aunque él heredó unas propiedades considerables, perdió el amor y el afecto paternal que es tan esencial para la felicidad y la seguridad del niño.

Brainerd, al igual que muchos niños abandonados, rechazados, descuidados y abusados, sintió una carga inusual de culpabilidad, casi como si él hubiera sido responsable de las muertes de sus padres. El autor relata que el Espíritu Santo intentó en repetidas ocasiones hacer real para David Brainerd que su suficiencia estaba en Cristo. Aparentemente, él obtenía cierta perspectiva e intentaba practicarla durante un tiempo, pero volvía a regresar a la mentalidad de "obras y sufrimiento" a la vez que trataba de ser perfecto en sí mismo.

Brainerd murió a los veintinueve años de edad. Aunque tuvo un poderoso ministerio del que aún se sigue hablando en la actualidad, se había convertido en un inválido: demasiado enfermo para predicar, enseñar u orar. El joven se había agotado profundamente a sí mismo intentando servir a Dios de modo perfecto.

Yo ciertamente entiendo eso, porque he experimentado mi propia versión del dilema de Brainerd. Afortunadamente, aprendí la verdad a tiempo para dejar de seguir abusando de mí misma en un esfuerzo por ser aceptable a Dios. Sí sufrí durante mucho tiempo, aunque el Espíritu Santo estaba obrando en mí y revelándome verdad. Yo entraba en el reposo de Dios durante períodos de tiempo, y entonces el diablo volvía a atacarme. Cuando Satanás sabe dónde somos vulnerables, atacará ahí una y otra vez para ver si queda alguna debilidad con la que pueda jugar. Finalmente, fui lo bastante fuerte en mi fe para descansar segura del amor de Dios y su aceptación aparte de cualquier buena obra que yo hiciera. Llegué a ser libre, y sigo disfrutando de esa libertad hasta la fecha.

Jesús no disfrutó de la aceptación o aprobación de la mayoría de las personas cuando estuvo en la tierra. ¡Él fue despreciado y rechazado por los hombres! Pero sabía que su Padre celestial le amaba. Él sabía quién era, y eso le daba confianza.

Todo lo que Jesús soportó y sufrió fue por nosotros. Él experimentó rechazo, de modo que cuando nosotros lo afrontemos, también podamos experimentarlo y no ser dañados por él, o si ya hemos sido dañados, entonces poder recuperarnos por completo. Jesús nunca nos prometió que todo el mundo nos aceptaría y nos aprobaría; de hecho, nos dijo precisamente lo contrario. Él dijo que si decidimos seguirle, seremos perseguidos por causa de la justicia. Si pasamos por la niñez sin ninguna experiencia traumática de rechazo, bien puede que la experimentemos por parte de amigos y familiares si decidimos seguir plenamente a Jesús. A las personas no les importa tanto si somos meramente religiosos y ocasionalmente asistimos a la iglesia; sin embargo, si somos serios y realmente permitimos que Cristo nos cambie, eso con frecuencia molesta a la gente.

Cuando yo respondí al llamado de Dios a enseñar su Palabra, experimenté un masivo rechazo por parte de muchas personas, y algunas de ellas eran a quienes yo más quería, y que anteriormente pensaba que también me querían a mí. Es increíble cómo el compromiso de las personas hacia nosotros cambia cuando ya no estamos haciendo lo que ellos quieren que hagamos. Ese período de mi vida fue muy doloroso para mí, especialmente porque ya tenía una raíz de rechazo en mi vida desde la niñez.

Avanzar en medio del dolor

Jaime tenía cuatro años y estaba muy emocionado por estar en el equipo de fútbol. Su mamá le llevaba a todos los entrenamientos, y ahora era el momento de jugar su primer partido, ¡pero resultó horrible!

Jaime estaba jugando bien y se divirtió mucho hasta aproximadamente la mitad del partido. Un niño más mayor se acercó a él y le golpeó muy duro en el estómago. Jaime se dobló del dolor y cayó al suelo llorando. El niño le dijo algo y salió corriendo a la banda. Cuando su mamá consiguió que se calmase y le preguntó qué había pasado, él dijo: "Ese niño mayor me dio un puñetazo en el estómago y me dijo: 'No eres bueno. Nunca aprenderás a jugar al fútbol. ¡No estás haciendo nada bien! Sal de este campo y no regreses más aquí para intentar con jugar con nosotros'". Cuando llegó a casa, Jaime dijo: "¡Nunca voy a regresar allí!".

Este es un clásico ejemplo de lo que sucede a millones de personas. Incluso a temprana edad, Jaime experimentó el dolor del rechazo. Experiencias como esa arruinan las vidas de muchas personas y evitan que sean las personas que Dios quiere que sean, a menos que aprendan a perseverar en medio del dolor.

Recuerdo una ocasión en mi niñez que me dejó devastada. Yo tenía unos seis años, y mi clase en la escuela iba a realizar una fiesta de Halloween. Muchas de las muchachas eran

princesas, Cenicienta o una bailarina, y sus disfraces eran
bonitos. Mis padres no querían gastar mucho dinero para
comprarme un disfraz, y mi mamá no sabía coser, así que me
compró una máscara de goma de cabeza de lobo. Era muy fea,
y yo la llevaba con mi ropa normal. Me hizo daño que mis padres no quisieran que yo me viese hermosa también, y que no
estuvieran dispuestos a gastar un poco de dinero en un disfraz
para mí. Recuerdo esconderme en un rincón del patio en el re-
ceso, esperando desesperadamente que nadie se diera cuenta
de lo fea que yo estaba. Debió de haber sido un gran impacto
para mí, porque incluso hoy puedo ver esa escena con mucha
claridad. Aunque fue aparentemente un incidente sin importancia, a los seis años de edad fue muy doloroso para mí.

Los traumas de la niñez como ese tienen un modo de quedarse en nuestra mente; con frecuencia nos estremecemos ante
el recuerdo. Puede que estés recordando un acontecimiento
parecido que te sucedió, y eres consciente de que te ha re-
tenido en la vida. Eso puede sonar a exageración, pero los
niños son como tiernos retoños; incluso un pequeño viento
puede romper sus pequeñas ramas. ¡La buena noticia es que
no es demasiado tarde! Puedes librarte de los efectos de aquellas desafortunadas experiencias y seguir adelante para hacer
grandes cosas. Ya sea que el dolor del rechazo provenga de
algo importante o poco importante, es un dolor muy real, y a
menos que sea tratado, puede tener efectos duraderos.

Estoy muy agradecida porque Dios me dio la gracia de seguir adelante a pesar del dolor del rechazo que experimenté
y de seguirle a Él. No puedo imaginar lo que estaría haciendo
hoy día si no lo hubiera hecho, pero sí sé que probablemente
estaría viviendo en atadura y dolor.

El diablo utiliza el dolor del rechazo para evitar que vivamos la vida que Dios quiere que vivamos. Estoy segura de
que el mundo está lleno de personas que no están satisfechas
ni se sienten realizadas. Permiten que el temor al rechazo

de los hombres determine su destino, en lugar de seguir su propio corazón, y en un esfuerzo por mantener felices a otras personas han terminado siendo infelices ellas mismas. Te insto a no hacer eso, o si ya lo has hecho, entonces comienza a rectificarlo. Como creyentes en Cristo tenemos el privilegio de ser guiados por el Espíritu Santo, y Él siempre nos guiará al lugar perfecto si se lo permitimos. Sin duda, Satanás intentará poner obstáculos, al igual que intentó obstaculizar a Jesús para que no siguiera la voluntad de Dios para Él.

Jesús fue rechazado por muchos individuos y grupos, los líderes religiosos de aquella época e incluso sus hermanos. Pedro le negó, y Judas le traicionó, y aun así Él soportó el dolor y obedeció a su Padre celestial.

Satanás planta "semillas" de rechazo en nosotros, esperando que crezcan y se conviertan en grandes plantas en nuestras vidas que den un fruto venenoso. Pero si recordamos que Dios nunca nos rechaza, y que su voluntad para nosotros es que seamos amados y aceptados, podemos entender que el rechazo es un ataque del diablo y podemos negarnos a permitir que tenga un efecto adverso en nosotros. Saber lo valioso que eres para Dios, y que Él tiene un plan increíble para tu vida, te capacitará para soportar el dolor del rechazo a causa del gozo que espera al otro lado.

Cada vez que experimentes rechazo, recuérdate a ti mismo que Dios te ama; que cuando las personas te rechazan, eso no significa que algo anda mal en ti. Aunque necesitamos tener compasión por los problemas de otras personas, no podemos permitirles que proyecten sus problemas sobre nosotros. Mi padre me rechazó como hija y abusó sexualmente de mí, y durante años yo creí que se debía a que había algo de malo en mí. Mi padre era duro y mezquino, odioso y controlador; utilizaba a las personas para obtener lo que quería, sin preocuparse por el modo en que sus actos les afectaban.

Finalmente entendí que lo que él me hizo no era culpa mía, pero sí sufrí el dolor del rechazo por muchos años.

Mi primer esposo me rechazó por otra mujer mientras yo estaba embarazada de su hijo, y eso completó mi creencia en que yo no tenía valor ni era buena para nada. Cada cosa que me sucedía servía para convencerme cada vez más de que yo era profundamente imperfecta y no merecía ser querida. Finalmente entendí que mi primer esposo era quien tenía el problema, y no yo. Él fue quien me fue infiel fiel, y no yo. Él fue a la cárcel porque era un ladrón, y no yo. Él mentía, no trabajaba, utilizaba a las personas y no añadía valor alguno a nadie. Pero durante el tiempo en que estuvo rechazándome, yo no podía ver más allá de mi dolor, y era fácil para Satanás engañarme y culparme de los problemas que teníamos.

Si estás experimentando el dolor del rechazo en este momento en tu vida, detente y piensa seriamente en la persona que te está rechazando. Estoy segura de que si miras su conducta y sus actos, no sólo hacia ti sino también hacia otras personas, entenderás que son ellos quienes tienen el problema y no tú. Recientemente estaba respondiendo preguntas en un programa de radio con llamadas, y una mujer llamó para decir: "Mi esposo es adicto a la pornografía, y hace un año me dijo que yo me veía horrible comparada con las mujeres que él mira en línea o en las revistas, y que nunca podría hacerle sentir de la manera en que ellas lo hacen". Ella quedó devastada por su afirmación y parecía no ser capaz de sobreponerse a ello, y por eso pedía consejo. Yo le dije que tenía que entender que él tenía un problema, y no permitir que le echase la culpa a ella. ¡Las personas que sufren hacen daño a los demás! Algo estaba mal en el interior de él que le hacía querer hacer lo que estaba haciendo, y su conducta era pecado. Yo le dije que orase por él y que le hiciera saber que no podía conseguir que ella se sintiera mal consigo misma, porque sabía que Dios la amaba.

No permitas que la mala conducta de otra persona hacia ti te haga sentirte mal contigo mismo. Entiendo que es más fácil decirlo que hacerlo, porque nuestras emociones y sentimientos participan, y el dolor emocional es realmente uno de los peores tipos de dolor que experimentamos. Podemos tomarnos una pastilla para librarnos del dolor físico, pero no hay ninguna pastilla para el dolor emocional. Por eso debemos reconocerlo tal como es y saber que si no lo alimentamos cediendo a él, finalmente se desvanecerá y desaparecerá. No puedes evitar sentirlo, pero no tienes que permitir que determine tus actos. Puedes aprender a manejar tus emociones y no permitir que ellas te manejen. ¡Puedes aprender a vivir por encima de tus sentimientos! ¡Prosigue en medio del dolor y vive tu vida!

No te rechaces a ti mismo

El objetivo a largo plazo del diablo es que finalmente nos rechacemos a nosotros mismos y vivamos una vida de desgracia. El diablo está contra nosotros, y quiere que también nosotros estemos en contra de nosotros mismos. Afortunadamente, Dios está a favor de nosotros, y cuando aprendemos a ponernos de acuerdo con Dios y con lo que Él dice sobre nosotros en su Palabra, el diablo pierde por completo y su plan no tiene éxito.

Ni siquiera puedo contar todas las veces y las maneras en que he experimentado un rechazo profundamente doloroso en mi vida, pero estoy contenta de decir que mediante la ayuda de Dios y su poder sanador, ¡me gusto a mí misma! Todos deberíamos tener un amor saludable y respeto por nosotros mismos. Me gusta decir: "No te enamores de ti mismo, sino ámate a ti mismo". Si Jesús te amó lo suficiente para morir por ti, nunca deberías menospreciarte o rechazarte a ti mismo.

El deseo de Dios es que nos convirtamos en árboles de justicia que dan buen fruto (Isaías 61:3). Sin embargo, si nos rechazamos a nosotros mismos, nuestros frutos serán temor, depresión, negativismo, falta de autoconfianza, enojo, hostilidad y lástima por uno mismo. Y eso es sólo el comienzo de todo el mal fruto que obtendremos. También nos sentiremos confundidos y totalmente desgraciados. Es imposible ser feliz si te aborreces, te desprecias o te rechazas a ti mismo.

> A pesar de cuántas personas te amen, si no te amas a ti mismo seguirás sintiéndote solo.

A pesar de cuántas personas te amen, si no te amas a ti mismo seguirás sintiéndote solo.

Causas y resultados del rechazo

Puede que sientas como si siempre hubieras sido infeliz, y simplemente no sabes qué anda mal. Yo conocía a una mujer así. Ella era una buena mujer cristiana que tenía una estupenda familia y hogar, pero no parecía poder sobreponerse al sentimiento de que faltaba algo en su interior. Estaba atormentada por sentimientos de inseguridad y de no ser querida. Finalmente descubrió que había sido adoptada, que su madre biológica no la quería y que la habían dejado a las puertas de un hospital.

Hay muchas cosas que pueden abrir la puerta a que un espíritu de rechazo llene nuestra alma y comience a gobernar nuestra vida. A continuación están algunas de las cosas que pueden hacer que una persona se sienta rechazada. Repásalas y pregúntate si alguna de ellas se relaciona contigo o con alguien a quien conoces. ¿Qué bien nos hará conocer las raíces del rechazo que sentimos? Nos ayuda porque la verdad nos hace libres. A veces, el mero acto de entender nos ayudará a manejar una cosa con eficacia.

Una concepción no deseada.

Una madre que pensó en el aborto o lo intentó.

Un niño que nació con el sexo equivocado ante los ojos de sus padres (por ejemplo, ellos querían un niño y nació una niña).

Padres defraudados con un hijo que nació con discapacidades físicas o mentales.

Comparación con otro hermano.

Adopción.

Muerte del padre, la madre o ambos.

Abuso, incluyendo físico, verbal, sexual, emocional y la retirada del afecto.

Un padre con una enfermedad mental (el niño puede sentirse abandonado).

Divorcio.

Rechazo por parte de los iguales.

Problemas dentro del hogar.

Rechazo en el matrimonio, o un cónyuge infiel.

¿Te quedaste atascado en el dolor de un acontecimiento al que no puedes regresar y cambiar? Si es así, no te quedes ahí. Deja que lo que está atrás permanezca atrás, y permite que eso te haga mejor en lugar de amargarte.

A continuación hay una lista de algunas de las conductas que son frutos del rechazo y que con frecuencia inundan a personas que sienten que no son queridas y aceptadas durante sus años formativos. ¿Te resultan familiares algunas de ellas?

Enojo. Las personas que han sido heridas sienten enojo por lo que han sufrido injustamente. La tendencia natural es sentir que alguien nos debe algo.

Amargura. Todo sobre nuestra vida puede volverse amargo cuando estamos operando desde una raíz de rechazo.

Competición. Una persona que se siente insegura puede competir con otros, intentando siempre ser mejor que ellos, o al menos igual de buena.

Defensiva. Aunque puede que nos sintamos indignos, con frecuencia seguiremos defendiéndonos si se dice cualquier cosa que pueda añadir a nuestros sentimientos actuales de rechazo.

Falta de respeto. Si no confiamos y somos suspicaces, tenderemos también a no respetar a las personas.

Desconfianza. Si no nos sentimos amados, incluso desconfiaremos de personas que nos dicen que nos quieren. Sospecharemos y esperaremos que todo el mundo nos haga daño al final.

Escapismo, incluyendo drogas, alcohol y ser excesivos en cosas como compras, trabajo, dormir, comer en exceso y televisión. Cuando nuestro dolor es extremo, con frecuencia encontramos maneras de evitarlo.

Temor de todo tipo. El rechazo puede causar fobias de todo tipo. Una persona puede sentirse paralizada por el temor y permitir que gobierne su vida.

Culpabilidad. Puede que sintamos que el rechazo que hemos experimentado es culpa nuestra y, por tanto, vivamos con un vago sentimiento de culpabilidad.

Dureza. Las personas pueden desarrollar una dureza en su alma que creen que les protegerá de más dolor, pero termina haciendo daño a otras personas del mismo modo en que ellos intentan evitar ser heridos.

Desesperanza. Podemos vivir con un sentimiento de que nada bueno nos sucederá nunca, así que por qué molestarnos ni siquiera en pensar que podría suceder.

Inferioridad. Puede que sintamos que no somos tan buenos como otras personas, y caigamos en la trampa de compararnos a nosotros mismos con ellas.

Celos. No conocer nuestro valor nos impulsa a querer lo que otras personas tienen a fin de hacernos sentir que somos iguales que ellos. Fácilmente podemos resentir las bendiciones de los demás si tenemos una raíz de rechazo.

Crítica. Cuando las personas se sienten mal consigo mismas, frecuentemente encuentran faltas en los demás para desviar su propia culpabilidad.

Perfeccionismo. Podemos esforzarnos por la perfección pensando que entonces nadie será capaz de encontrar ninguna falta en nosotros.

Mala autoimagen. Puede que nos consideremos a nosotros mismos unos fracasados en general y nos sintamos mal con nosotros mismos en todos los aspectos.

Pobreza. Si nos sentimos indignos, puede que sintamos que no nos merecemos nada y, por tanto, no trabajaremos a fin de tener nada.

Rebelión. Cuando hemos sido heridos, especialmente si alguien en autoridad nos ha hecho daño, puede que tengamos temor a volver a ser heridos y nos rebelemos contra toda la autoridad.

La buena noticia es que cada uno de esos patrones de conducta equivocados encuentra su solución en la Palabra de Dios. Puedo decir con seguridad que yo manifestaba todas esas conductas en un momento u otro de mi vida, pero por medio de estudiar y creer la Palabra de Dios, también he experimentado libertad de todas ellas.

Si necesitas ayuda en estas áreas, por favor créeme cuando digo que Jesús es tu respuesta. No tienes que pasar tu vida sufriendo por el modo en que otras personas te han tratado o debido a cosas que te han sucedido. Dios ha proporcionado un camino de salida y un lugar de seguridad para ti. Dios te ama, Él nunca te rechazará, ¡y Él no está enojado contigo!

CAPÍTULO 7

Aprender a ver claramente

Pido que el Dios de nuestro Señor Jesucristo, el Padre glorioso, les dé el Espíritu de sabiduría y de revelación, para que lo conozcan mejor.

Efesios 1:17

Yo tengo sequedad en los ojos, y frecuentemente tengo que ponerme gotas para ojos para tener lubricación. Después de utilizarlas, mi visión es borrosa durante un rato y no puedo ver claramente. Puedo ver, pero todo lo que veo está distorsionado. Esa es la manera en que vemos el mundo y a nosotros mismos cuando estamos operando según una raíz de rechazo y sentimientos de indignidad. Nuestra percepción de la realidad está borrosa, y juzgamos mal muchas cosas. Puede que imaginemos que alguien nos está ignorando cuando lo cierto es que esa persona ni siquiera nos vio.

Recuerdo claramente a una mujer que asistía a algunos de mis estudios bíblicos semanales en los años ochenta. Una amiga me dijo que la señora, a quien llamaré Jane (no es su verdadero nombre), estaba profundamente herida porque yo nunca hablaba con ella. Quedé sorprendida cuando lo escuché, porque ni siquiera recordaba haber visto a la señora. La conocía y sabía que ella asistía a mis sesiones de enseñanza, pero también lo hacían más de quinientas mujeres, y no era posible que yo pudiera hablar personalmente con cada una de ellas.

Oré acerca de esa situación porque no era mi deseo

hacer daño a nadie, y sentí que Dios me mostraba que Él intencionadamente no había permitido que yo la notase, porque ella quería atención de mi parte por la razón equivocada. Ella era muy insegura y quería que la atención le hiciera sentirse mejor consigo misma. Dios quería que ella se acercase a Él para ver satisfechas sus necesidades; quería que ella encontrase su valor en su amor por ella. Estoy contenta de decir que Jane terminó recibiendo sanidad de parte de Dios, y trabajó en la plantilla de personal durante veinte años. Incluso entonces, yo seguía sin verla con mucha frecuencia debido al área en que ella trabajaba, pero no le importaba porque ya no *necesitaba* que yo le prestase atención.

Me gustaría decir que todo aquel que es inseguro recibe este tipo de sanidad y sigue adelante para cumplir su destino; tristemente, no es ese el caso. Pero puede serlo si él o ella aprende a ver claramente.

La manera en que vemos todo en la vida está determinada por nuestros pensamientos. Vemos por medio de nuestros propios pensamientos, y si esos pensamientos están en un error, entonces vemos las cosas de manera equivocada.

Por ejemplo, muchas parejas casadas tienen dificultad para comunicarse. Comienzan a dialogar sobre un problema, y poco después se encuentran enojados y discutiendo por cosas que no tienen nada que ver con lo que querían hablar. Se quedan perdidos en una confusión de acusaciones y frustración, y la conversación termina con uno u otro de ellos levantando sus brazos con exasperación y diciendo: "¡No puedo hablar de nada contigo!".

¿Te resulta familiar eso? A mí sí, porque Dave y yo lo experimentamos incontables veces hasta que yo aprendí que mis viejas heridas de rechazo estaban afectando a mi percepción. Yo no veía claramente, y creía todo tipo de cosas que sencillamente no eran ciertas. Por ejemplo, si Dave no estaba de acuerdo conmigo en todos los puntos, yo recibía su desacuerdo como un rechazo de mí como persona en lugar de ser un rechazo de mi opinión. Si él no estaba de acuerdo conmigo en todo (y me refiero a todo), entonces yo me sentía herida y poco querida. Esos sentimientos me conducían a culparle de todo lo que yo sentía, y entonces intentaba manipularle para que estuviese de acuerdo conmigo.

Recuerdo que llegaba a estar muy confundida durante aquellos tiempos. Me frustraba que no pudiéramos hablar de las cosas, pero sinceramente no sabía lo que iba mal. Suponía que Dave era terco, pero finalmente descubrí que la raíz de rechazo en mi vida seguía influenciando todas mis conversaciones, y especialmente la confrontación.

Debemos permitir que Dios elimine las malas percepciones que influencian nuestros pensamientos, y sustituirlas por percepciones correctas y piadosas acerca de nosotros mismos y de los demás. Eso lo hacemos a medida que nuestra mente es renovada mediante el estudio de la Palabra de Dios.

Si no estamos pensando con claridad, podríamos pensar que no somos capaces de hacer algo que en realidad podríamos hacer muy bien si solamente lo intentáramos. Podríamos vernos a nosotros mismos como un fracaso a la espera de suceder debido a cosas que nos han dicho durante nuestra vida, ¿pero qué dice Dios? Él dice que todo lo podemos por medio de Él, y que no debemos tener temor a los hombres ni al fracaso. Podemos vivir con valentía, y podemos probar cosas para descubrir si podemos hacerlas o no. ¿Cómo llegarías a saber nunca en lo que eres bueno si tienes tanto temor al fracaso que nunca intentas hacer nada?

Hacemos todos los esfuerzos para no experimentar el dolor al rechazo, y eso con frecuencia causa que permitamos que nuestros sentimientos dicten nuestra conducta y nuestras decisiones. Necesitamos vivir por encima de nuestros sentimientos. El libro de Proverbios nos alienta repetidamente a obtener piadosa sabiduría, a obtener entendimiento (comprensión y discernimiento). Eso significa que debemos aprender a pensar claramente, o aprender a pensar con la mente del espíritu en lugar de pensar con la mente de la carne.

Cuando pensamos de modo natural según nuestras propias perspectivas y sentimientos, estamos pensando con la mente de la carne. La Palabra de Dios afirma que eso es sentido y razón sin el Espíritu Santo, y que nos produce muerte y todas las desgracias que surgen del pecado. Esta mañana noté que me sentía tensa, no estaba relajada, y no sabía por qué. En lugar de intentar tan sólo seguir adelante con el día y estar confundida todo el tiempo en cuanto a lo que andaba mal en mí, me detuve y le pedí a Dios entendimiento y discernimiento. Yo sabía que no era esa la manera en que Dios quiere que me sienta, y por eso ¿qué pasaba? Rápidamente me di cuenta de que me estaba preocupando vagamente por algo que alguien a quien quiero estaba haciendo y que yo pensaba que no era una buena elección. Era algo que yo no podía controlar y en realidad no era asunto mío. Mi única opción era orar y confiar en que Dios revelase verdad a esa persona si es que estaba cometiendo un error en su decisión.

Tomar el tiempo para pensar más claramente me permitió dejar atrás mi molesto sentimiento y seguir adelante y disfrutar del día. Me permitió pensar con la mente del Espíritu Santo. Yo le invité a Él a entrar en mi pensamiento cuando le pedí sabiduría y discernimiento, y Él me ayudó a ver la situación con claridad. Te aliento a que te detengas en cualquier momento en que sientas presión, molestia, frustración o tensión, y le pidas a Dios que te muestre por qué te sientes de ese modo. Podrás ver más claramente, y eso te ayudará a dejar atrás el problema.

Te animo a que ores diariamente para que la sabiduría fluya por medio de ti, y por un profundo discernimiento y entendimiento. Pide a Dios la verdad en cada situación, y no tengas temor a afrontar la verdad si tú eres quien está engañando. Ser libre es mucho más importante que tener la razón.

> Ser libre es mucho más importante que tener la razón.

Fue un poco difícil para mí afrontar la realidad de que la mayoría de discusiones entre Dave y yo eran el resultado de mis viejas heridas. Fue incluso aún más difícil disculparme y decirle que yo sabía que era principalmente culpa mía, pero tragarme mi orgullo fue un pequeño precio a pagar por la libertad.

Si aún reaccionas a personas y situaciones a causa de viejas heridas de rechazo, abandono o abuso, puedes ser libre. No sólo disfrutarás de tu libertad, sino que también otras personas en tu vida la disfrutarán. Sé que fue muy difícil para Dave todos los años en que yo no pensaba claramente y reaccionaba a todo emocionalmente, en lugar de hacerlo con la mente del Espíritu. Tu disposición a cambiar será una bendición para muchas personas.

Rechazo y confrontación

Las personas que se evalúan a sí mismas y tienen una raíz de rechazo no manejan muy bien la confrontación de cualquier tipo o la corrección. Normalmente se ponen a la defensiva, e intentan convencer a las personas que las confrontan de que están equivocadas en la evaluación que hacen de ellas.

A nadie le gusta que le digan que está equivocado en algo y que necesita cambiar, pero un individuo seguro puede manejar eso mucho mejor que otro inseguro. Aceptar el amor y la aprobación de Dios y estar arraigados en ello nos ayudará a recibir la confrontación con una buena actitud. La persona que nos confronta puede tener la razón o no, pero al menos podemos escuchar sin llegar a enojarnos.

Si puedes manejar el saber que no eres perfecto, no te

molestará cuando otras personas te digan que no lo eres. El profesor del seminario y autor Steve Brown ha aprendido lo que él denomina la "réplica Bingo". Después de oírle hablar en un seminario, un hombre se acercó a él ofreciendo varias correcciones. Comentó su confrontación diciendo: "Lo que usted dijo hoy entristeció mi corazón. Creo que es usted arrogante, rudo y orgulloso", y Steve replicó: "Bingo, me ha leído usted bien; si me hubiera conocido hace varios años, habría estado aún más triste". Steve no tiene temor a ser desafiado, porque ya sabe que no es perfecto. Él dice que cuando la gente le dice que está equivocado en algo, él dice: "Bingo, estoy equivocado al menos el 50 por ciento del tiempo". O si alguien le dice que es egoísta, él responde: "Bingo, mi madre me decía lo mismo, y mi esposa también lo sabe".

Tan sólo piense en cuánto enojo y dolor emocional le ahorra eso. Si alguien nos rechaza porque no somos perfectos, no nos molestará si ya somos conscientes de que no somos perfectos y no tenemos problema alguno con eso. No es realmente lo que la gente dice y nos hace lo que causa que nos sintamos desgraciados, sino cómo respondemos. Si tenemos una sana actitud hacia nosotros mismos, no nos molestará lo que otros piensen.

Ayer, fui a una cita que tenía y una mujer me reconoció, me preguntó si podía abrazarme, y mientras lo hacía dijo: "No me importa lo que la gente dice sobre usted, ¡yo creo que es maravillosa!". Ella podría haber dicho: "Oigo a muchas personas decir cosas malas de usted". Admito que sentí una pequeña punzada de dolor cuando ella lo dijo, pero rápidamente me la sacudí y seguí adelante para tener un día estupendo. Realmente me reí varias veces junto con otros por lo que ella había dicho. Pensé que era irónico a la luz del hecho de que yo estuve trabajando todo el día anterior en los capítulos del libro sobre el rechazo.

También pensé en el modo en que manejé la situación

comparado con el modo en que lo habría hecho hace veinte años. Cuando aún tenía una raíz de rechazo, podría haber querido saber quién decía cosas malas, y exactamente lo que decían, entonces me habría defendido a mí misma y probablemente hubiera estado molesta durante días por pensar que la gente dice cosas malas sobre mí. Estoy muy contenta de no haberme agotado emocionalmente al estar molesta por lo que algunas personas piensan. Decido creer que las personas a las que les caigo bien sobrepasan a quienes no les gusto, así que me enfocaré en lo positivo y seguiré estando contenta. Tú puedes escoger hacer lo mismo siempre que te encuentres en una situación parecida.

¿Necesitas una dosis?

Cuando pregunto si necesitas una dosis, no estoy hablando de drogas. Estoy hablando de una nueva dosis de gestos por parte de personas que te hacen sentir importante para poder atravesar cada día. Cuando no conocemos nuestro valor en Dios, buscamos que otras personas nos hagan sentir valiosos; sin embargo, no siempre sabemos lo que necesitamos, e incluso si lo supiéramos, puede que ellos no supieran cómo dárnoslo.

Ahora que veo claramente, entiendo que la mayoría de los problemas que Dave y yo teníamos en los primeros años de nuestro matrimonio eran debidos a la diferencia en nuestras personalidades, o a que yo tenía expectativas que él no entendía que yo tenía. En el matrimonio, parece que queremos que nuestro cónyuge pueda leer nuestra mente y sepa siempre lo que queremos, pero no es así. ¿Con cuánta frecuencia resultas herido porque supusiste que alguien habría tenido el suficiente sentido común para saber lo que tú querías, pero esa persona no lo supo? Si tenemos temor al rechazo, puede que seamos reacios a declarar nuestra necesidad claramente. Podemos dejar caer una indicación, pero no queremos decirle a alguien con claridad lo que necesitamos por si acaso esa persona nos rechaza.

Muchas lágrimas

Yo derramé muchas lágrimas a lo largo de los años porque Dave se iba a jugar al golf y yo "esperaba" que se quedase en casa y me prestase atención, o me preguntase lo que yo quería hacer ese día. Yo no le pedía que se quedara en casa e hiciera algo conmigo, pero en cambio quería que él "quisiera" o supiera que debería hacerlo. Yo quería que él sacrificara sus deseos por mí a fin de sentirme querida y valorada.

Un día, después de haber llorado la mayor parte del tiempo y sentirme totalmente desgraciada, finalmente pensé: "Esto es estúpido; yo sé que Dave me ama, y que nunca me haría daño intencionadamente, así que ¿por qué me siento tan profundamente aplastada?". La respuesta era que yo seguía reaccionando a la raíz de rechazo. Aún no conocía el amor de Dios lo bastante profundamente para hacerme conocer mi valor, y por eso necesitaba una "dosis" de parte de Dave. Tristemente, necesitaba una dosis casi diariamente, y eso le presionaba.

Te pido que seas muy sincero contigo mismo e intentes ver claramente con respecto a cualquier dificultad que puedas tener en las relaciones. ¿Están relacionadas con la manera en que te sientes contigo mismo? Y si es así, ¿es realmente justo pedir a otra persona que te mantenga bien todo el tiempo? Creo que debemos asumir la responsabilidad de nuestra propia felicidad, porque ninguna otra persona puede mantenernos felices todo el tiempo, y no deberían tener que hacerlo.

¡Heriste mis sentimientos!

¿Cuántas veces le has dicho a alguien: "Heriste mis sentimientos", y esa persona respondió: "No intentaba herir tus sentimientos"? Solía suceder entre Dave y yo regularmente. Relataré dos ejemplos personales que compartí en mi libro *The Root of Rejection* [La raíz del rechazo].

Dave y yo estábamos jugando juntos al golf y él estaba teniendo un día realmente difícil. Si conoces algo sobre el golf, sabrás que una persona puede ser un golfista verdaderamente bueno y aun así tener días en que parece que nada le sale bien, y Dave tenía uno de esos días. Como yo tengo instinto maternal, lo sentía realmente por él, y mientras íbamos en el carrito de golf, le di unas palmaditas en la espalda y le dije: "Avanzarás, ¡y todo saldrá bien!". Él respondió: "No sientas lástima por mí, ¡esto es bueno para mí! Espera y verás que cuando atraviese todo esto, ¡jugaré mejor que nunca!". Cuando Dave no recibió mis palabras de consuelo, me sentí una vez más devastada. Literalmente sentí como si me hubiera derrumbado por dentro. Pensé: "¡Eres un cabezota! Nunca necesitas que nadie te consuele. ¿Por qué no podías haber agradecido mi consuelo?". Aún herida y rebosando de enojo por dentro, iba conduciendo a casa en silencio cuando el Señor susurró a mi corazón: "Joyce, estás intentando dar a Dave lo que tú necesitarías en esta situación, y él no necesita eso, por eso no lo recibió". Entendí que me sentía rechazada porque yo esperaba que él necesitase lo que yo necesitaba, y no era así. Su personalidad es distinta a la mía; él no tenía una raíz de rechazo en su vida, ¡y él es un hombre!

Otra lección para mí sucedió mientras Dave y yo íbamos a la oficina de correos. Dave había salido de la oficina de correos, y yo comencé a decirle algo que era importante para mí. Estaba relatando mi historia y noté que Dave no estaba prestándome atención. Dijo: "Mira ese hombre que sale de la oficina de correos. ¡Su camisa tiene una rotura por toda la espalda!".

Yo dije: "Dave, estoy intentando hablarte de algo importante". Y él dijo: "Bien, sólo quería que vieras la camisa del hombre". Yo sentí que estaba más interesado en la camisa rota del hombre de lo que estaba en mí, y una vez más sentí el devastador dolor de lo que yo consideraba rechazo. Todo el episodio fue una sencilla diferencia en nuestras personalidades, y no tenía nada que ver con que Dave me rechazase. Él es un "observador" y yo soy una "hacedora". A Dave le encanta observar cosas y personas, y observar todos los detalles. Yo no estaba interesada en el hombre ni en su camisa rota, solamente estaba interesada en lograr mi objetivo, que era decirle a Dave lo que quería decirle.

Cuando Rebeca era pequeña, era parecida a Daniel el Travieso, llena de buenas intenciones pero que siempre se metía en problemas. Parecía que a pesar de lo que hiciera, algo siempre terminaba mal, y siempre era culpa de ella. Llegó hasta el punto en que siempre que cualquier cosa iba mal, la mamá y el papá de Rebeca siempre suponían que había sido culpa de Rebeca. Normalmente tenían razón, pero a veces estaban equivocados.

En muchas ocasiones, la mamá de Rebeca entraba en la cocina y veía agua derramada sobre el piso, o veía un agujero en la tapicería de una silla. Cualquier cosa que encontraba que estaba mal, simplemente suponía que Rebeca era la culpable. Como resultado, hubo muchas veces a lo largo de los años en que Rebeca recibía un castigo por algo que en realidad ella no había hecho. Estoy segura de que sus padres no tenían intención de hacerle daño, pero sus castigos inmerecidos causaron un inmenso y negativo impacto sobre Rebeca.

Cuando Rebeca era una mujer adulta y casada, a veces su esposo decía: "Hay una mancha en el piso", o "Hay un arañazo en la pintura del auto". Inmediatamente Rebeca se ponía tensa y respondía: "¡Yo no lo hice!".

Finalmente, un día su esposo le miró sorprendido y dijo: "Debes de haber tenido una niñez difícil. Cada vez que menciono algo que está mal, inmediatamente crees que te estoy echando la culpa".

Ese fue el día en que Rebeca entendió que cuando alguien comentaba sobre un problema, esa persona no necesariamente la estaba acusando de haberlo causado. Rebeca tenía cuarenta y tres años cuando llegó a entender eso. Qué triste que ella hubiera experimentado incontables episodios de sentirse falsamente acusada, cuando el supuesto "acusador" en realidad sólo estaba haciendo una observación.

Es sorprendente cómo consideramos situaciones cuando miramos por medio de unos lentes del color de una raíz de rechazo. Nos causa mucho dolor que nadie tenía intención de causarnos. Resultamos heridos pero nadie tiene intención de hacernos daño. Creo que a medida que todos aprendamos a ver más claramente, podemos evitar gran parte de este tipo de dolor y la tensión que provoca en las relaciones.

Cuando te sientas herido, ¡detente y piensa! ¿Intentan las personas hacerte daño, o sencillamente están siendo quienes son? Sí, quizá podrían ser más sensibles, pero ya que ninguno de nosotros es perfecto, podemos decidir creer lo mejor y seguir adelante.

No permitas que el dolor del rechazo del pasado gobierne tu futuro. Afróntalo, trátalo, ora al respecto y pide a Dios que te cambie, estudia la Palabra de Dios, ¡y sigue adelante! Incluso si sientes mucha convicción a medida que lees sobre estas áreas de las que escribo, tan sólo recuerda que recibir convicción es un paso saludable hacia el cambio. No necesitas sentirte condenado. ¡Dios no está defraudado contigo! Él conocía todo sobre tus debilidades mucho antes que tú.

CAPÍTULO 8

La culpabilidad y la vergüenza

*Queridos hermanos, si el corazón no nos condena,
tenemos confianza delante de Dios.*

1 Juan 3:21

La culpabilidad puede ser sana o malsana. Si es el sentimiento
que tenemos cuando hemos hecho algo mal, entonces es sana.
Nos recuerda que necesitamos pedir perdón a Dios, o quizá
a una persona. La culpabilidad malsana es una culpabilidad
falsa. Permanece incluso después de que hayamos pedido
perdón, y también puede ser el resultado de una conciencia
demasiado sensible que causa sentimientos de culpabilidad
por cosas que no son malas excepto en nuestros propios pensamientos. Este tipo de culpabilidad equivocada y malsana es
la que trataremos en este capítulo. Creo que puedo decir con
seguridad que yo sufrí más con sentimientos de culpabilidad
en mi vida que con cualquier otra cosa.

En *The Phantom Limb*, el Dr. Paul Brand proporciona una
imagen gráfica del impacto de la culpabilidad malsana.

*A quienes les han amputado algún miembro, con fre-
cuencia experimentan cierta sensación de miembros
fantasma. En algún lugar, encerrado en sus cerebros,
un recuerdo permanece de la mano o la pierna que
ya no existe. Dedos invisibles se doblan, manos ima-
ginarias agarran cosas, una "pierna" se siente tan
fuerte que un paciente puede intentar apoyarse en*

ella. Para unos cuantos, la experiencia incluye dolor.
Los médicos observan impotentes, porque la parte del
cuerpo que grita pidiendo atención no existe. Uno de
tales pacientes era el administrador de mi escuela de
medicina, el Sr. Barwick, que tuvo un grave y doloroso
problema de circulación en su pierna pero se negó a
permitir la recomendada amputación. A medida que
el dolor aumentaba, Barwick se amargaba más. "¡La
odio!", musitaba acerca de la pierna. Al final cedió
y le dijo al médico: "No puedo soportarlo más. Ya he
terminado con esa pierna. Quítemela". Se programó
la cirugía de inmediato. Antes de la operación, sin
embargo, Barwick procedió con una petición extraña:
"Me gustaría que mantuviese mi pierna en una jarra.
La pondré en mi estantería. Entonces, cuando esté sen-
tado en mi sillón, le diré a la pierna: ¡Ya no puedes
hacerme más daño!". Finalmente, obtuvo su deseo; pero
la pierna descartada fue quien rió la última. Barwick
sufrió dolor fantasma de la pierna en el peor grado.
La herida se curó, pero él podía sentir la tormentosa
presión de la hinchazón cuando los músculos le daban
calambres, y no tenía esperanza de alivio. Había abo-
rrecido la pierna con tal intensidad, que el dolor había
quedado permanentemente instalado en su cerebro.

Para mí, el dolor fantasma de la pierna proporciona una
maravillosa perspectiva del fenómeno de la falsa culpabilidad.
Los cristianos pueden estar obsesionados por el recuerdo de
algún pecado cometido hace años. Nunca les abandona, obs-
taculizando su ministerio, su vida devocional y sus relaciones
con los demás. Viven con el temor a que alguien descubrirá
su pasado. Trabajan largas horas intentando demostrar a Dios
que se han arrepentido. Levantan barreras contra la amorosa
gracia de Dios. A menos que experimenten la verdad de 1 Juan

3:19-20 de que "Dios es mayor que nuestra conciencia", se vuelven tan patéticos como el pobre Sr. Barwick, levantando su mano con enojo ante la pierna en la jarra.

Es atormentador vivir la vida con una carga de culpabilidad. Jesús llevó nuestros pecados y la culpa relacionada con ellos, y en realidad cuando hemos recibido perdón de cualquier pecado que hayamos cometido, ya no hay más culpabilidad. Cuando el pecado se va, la culpa se va con él. Jesús no sólo perdona el pecado, sino que lo elimina por completo. Él ya no lo recuerda, y para Él es como si nunca hubiera sucedido. Cuando nos sentimos culpables después de haber confesado un pecado y habernos arrepentido, deberíamos decirle al sentimiento que es una mentira. No permitas que tus sentimientos sean el factor gobernante en tu vida. La Biblia dice que somos justificados en Cristo, y una vez oí a un teólogo decir que eso significa que estamos delante de Dios como si nunca hubiéramos pecado. Incluso si nuestros sentimientos no pueden creerlo, podemos escoger vivir por encima de nuestros sentimientos y podemos honrar la Palabra de Dios por encima de cómo nos sentimos. Si tomamos buenas decisiones según la Palabra de Dios, nuestros sentimientos finalmente estarán en consonancia con nuestras buenas decisiones.

Me gusta lo que Jerry Bridges dijo sobre la culpabilidad y la conciencia, o sobre sentirse culpable:

"Hay dos 'tribunales' con los que debemos tratar: el tribunal de Dios en los cielos y el tribunal de la conciencia en nuestras almas. Cuando confiamos en Cristo por primera vez para salvación, el tribunal de Dios queda satisfecho para siempre. Nunca más volverá a producirse una acusación de culpabilidad contra nosotros en los cielos. Nuestra conciencia, sin embargo, continuamente nos declara culpables. Esa es la función de la conciencia; por tanto, debemos por la fe poner el veredicto de la conciencia en consonancia con el veredicto de los cielos. Lo hacemos al estar de acuerdo con nuestra conciencia acerca de nuestra culpabilidad, pero entonces le recordamos que nuestra culpabilidad ya ha sido llevada por Cristo".

Pues todos han pecado y están privados de la gloria de Dios, pero por su gracia son justificados gratuitamente mediante la redención que Cristo Jesús efectuó.
Romanos 3:23-24

Si lees lo que he dicho rápidamente, puede que no obtengas la plenitud del poder y de la libertad que se encuentra en ello. Vamos a repasarlo otra vez, pero esta vez lentamente.

1. Cuando hemos pedido perdón y lo hemos recibido por cualquier pecado que hayamos cometido, ya no hay ninguna culpabilidad. Si nos sentimos culpables después, eso es una falsa culpabilidad.
2. Cuando Jesús perdona, el pecado es completamente eliminado y Él ya no lo recuerda. Es como si nunca hubiera sucedido.
3. Somos justificados mediante la fe en Jesús, y eso significa que estamos delante de Dios como si nunca hubiéramos pecado.
4. Esta promesa es para todo aquel que es redimido en Cristo.
5. Cuando tu conciencia te haga sentirte culpable, recuérdale que aunque has pecado, también has sido perdonado y estás en paz con Dios.

Me gusta la parte de Romanos 3:23 que dice que estamos "privados", que no llegamos a la gloria de Dios. No sólo no llegamos una sola vez, sino que siempre nos quedamos cortos, y el perdón que Dios ofrece en Cristo es continuo. No es algo de una sola vez, sino que está disponible siempre que lo necesitemos.

Me han ofrecido tratos de una sola vez en la vida, y he descubierto que no siempre son tan buenos como parecen. Normalmente tienen intención de movernos emocionalmente a tomar una decisión rápida de modo que no nos perdamos esa maravillosa oportunidad que sólo aparece una vez en la vida y nunca se repite.

Lo que Dios nos ofrece en Cristo no es como eso en absoluto. Está disponible para cualquiera, ¡siempre que se necesite! Jesús, la expiación sustitutoria, pagó nuestro castigo; se hizo culpable para que nosotros pudiéramos llegar a ser inocentes. Él no fue culpable de ningún pecado; sin embargo, tomó sobre Él el pecado de todos nosotros (Isaías 53:11).

Satanás es llamado "el acusador de los hermanos" en Apocalipsis 12:10, y eso es exactamente lo que él es. Acusa como si aún fuésemos culpables de cosas que ya nos han sido perdonadas.

Recordatorios no queridos

¿Cuánto tiempo permitirás que Satanás, el acusador de los hijos de Dios, haga un esclavo de ti?

Steven Cole cuenta una historia en Higherpraise.com que es humorística, pero establece un importante punto sobre llegar a ser esclavo de otro.

> *Un niño estaba visitando a sus abuelos, y le regalaron su primera onda. Practicaba en el bosque, pero parecía que nunca podía darle al blanco. Cuando regresaba a la casa de la abuela, divisó a un pequeño patito. Por impulso, apuntó y dejó salir volando una piedra. La piedra dio en el blanco, y el pato cayó muerto. El niño se asustó mucho. Su hermana Sara lo había visto todo, pero no dijo nada.*
>
> *Después del almuerzo aquel día, la abuela dijo:*

"Sara, vamos a lavar los platos". Pero Sara dijo: "Juan me dijo que quería ayudar en la cocina hoy, ¿no es así, Juan?". Y le susurró: "¡Acuérdate del pato!". Así que Juan lavó los platos.

Más adelante, el abuelo preguntó si los niños querían ir a pescar. La abuela dijo: "Lo siento, pero necesito que Sara me ayude a hacer la cena". Sara sonrió y dijo: "Eso ya está arreglado. ¡Juan quiere hacerlo!". De nuevo susurró: "Acuérdate del pato". Juan se quedó mientras Sara se fue a pescar. Después de varios días de que Juan hiciera sus tareas y también las de Sara, finalmente no pudo soportarlo. Le confesó a la abuela que había matado al pato. "Lo sé, Juan", dijo ella dándole un abrazo. "Yo estaba en la ventana y vi toda la escena. Debido a que te amo, te perdoné. Me preguntaba cuánto tiempo permitirías que Sara hiciera de ti un esclavo".

Satanás es un mentiroso, pero una de sus armas favoritas de tormento es simplemente recordarnos nuestros pecados del pasado. Es vigilante en sus esfuerzos por hacer que nos acobardemos bajo el peso de nuestra propia culpabilidad. La culpabilidad y la vergüenza nos hacen sentir que Dios está enojado, y nos apartamos de su presencia para vivir vidas débiles y lastimosas.

Todos pecamos y estamos privados de la gloria de Dios. Ninguna persona está sin pecado, y todos nos sentimos culpables a veces, pero cuando mantenemos la culpa mucho después de haber sido perdonados se convierte en vergüenza. Sentimos culpabilidad por lo que hemos hecho, pero nos sentimos avergonzados de nosotros mismos.

Satanás tiene buena memoria; recuerda cada cosa minúscula que cada uno de nosotros haya hecho mal, y nos trae recordatorios no bienvenidos. Dios no sólo nos ha perdonado, sino que también ha olvidado nuestros pecados y no vuelve a recordarlos. Debemos dejar de recordar lo que Dios ha olvidado. Cuando Satanás nos recuerde un pecado del pasado, deberíamos abrir nuestra boca y decir: "No sé de lo que estás hablando, no recuerdo haber hecho eso". O al menos deberíamos decir: "Gracias por el recordatorio, pues me ayuda a recordar lo grande que es la misericordia de Dios hacia mí y lo agradecido que estoy por el perdón completo".

Estoy utilizando frecuentemente el término "perdón completo" porque quiero hacer hincapié en que el perdón de Dios no es parcial, o en partes, sino que es completo. Cuando alguien ha pecado contra nosotros, puede que perdonemos un poco pero aun así seguimos guardando algún tipo de rencor. Eso, desde luego, no es verdadero perdón en absoluto. El tipo de perdón de Dios es completo. Toma un momento y piensa en lo peor que puedas recordar haber hecho nunca. Ahora, entiende que eres *completamente* perdonado. La bondad de Dios es mayor que cualquier cosa mala que hayamos hecho jamás o que podamos alguna vez hacer. Eso debería producir un suspiro de alivio y una sensación de alegría en tu alma.

Dios se ocupa plenamente en su Palabra de informarnos de que en Cristo somos nuevas criaturas, las cosas viejas pasaron y todas son hechas nuevas (2 Corintios 5:17). Se nos ofrece una manera de vivir totalmente nueva. Tenemos novedad de vida; un nuevo pacto con Dios sellado en la sangre de Jesús. Jesús nos dio un nuevo mandamiento, que deberíamos amarnos los unos a los otros como Dios nos amó. Todo lo que Dios ofrece es nuevo; hay que dejar atrás todo lo pasado. Tu futuro no tiene espacio en él para tus errores del pasado; en realidad, tu futuro es tan brillante que deberías necesitar lentes de sol para poder mirarlo.

Debemos dejar atrás nuestras viejas maneras de pensar y nuestros viejos patrones de conducta. Nos quitamos el hombre viejo y nos ponemos el hombre nuevo. Ya no vivimos bajo el viejo pacto de la ley, las obras, el pecado y la muerte. Se nos dice que soltemos lo que queda atrás a fin de hacer espacio para lo nuevo. Jesús dijo que el vino nuevo no podía echarse en odres viejos. La nueva vida que Dios tiene para nosotros no tiene espacio en ella para lo viejo. Solamente hacer un estudio bíblico sobre todas las cosas que Dios ha hecho nuevas es muy alentador. ¿Te estás aferrando a cosas viejas mientras al mismo tiempo intentas vivir una vida nueva en Cristo? Si es así, solamente te sentirás frustrado y derrotado. Cada día puede ser un nuevo comienzo.

Satanás intenta desesperadamente mantenernos atascados en el pasado, sintiéndonos culpables por cosas viejas y recordándonos todas nuestras faltas, debilidades y fallos. Toma la decisión de que vas a empezar de nuevo cada día, soltando lo que queda atrás y alegrándote en el día que Dios te ha dado.

Anteriormente en el libro hablamos del carácter de Dios. Es fácil para Satanás engañarnos si no conocemos el carácter de Dios. Una vez más permite que diga que Él no es como las personas. La mayor parte de nuestra culpabilidad está causada por lo que pensamos sobre las expectativas que Dios tiene y el modo en que pensamos sobre el pecado y su remedio.

El pecado solamente es un problema si nos negamos a admitirlo y confesarlo. Es espiritualmente sano y emocionalmente liberador tan sólo estar de acuerdo con Dios, asumir la responsabilidad de nuestros actos equivocados, recibir el regalo gratuito del perdón y pedirle que nos ayude a cambiar.

Si confesamos nuestros pecados, Dios, que es fiel y justo, nos los perdonará y nos limpiará de toda maldad.

1 Juan 1:9

Si afrontamos lo que Dios ya sabe, que somos pecadores imperfectos que le necesitamos en cada momento de nuestra vida, entonces el pecado no es un problema. Si uno de mis nietos derrama algo sobre el piso, yo enseguida digo: "No te preocupes, no es ningún problema, la abuela puede limpiarlo. Yo tengo algo que hará que el piso vuelva a estar limpio". He observado que a veces cuando ellos derraman algo, inmediatamente parecen asustados como si fueran a meterse en problemas, por eso les digo que no se preocupen tan rápidamente como puedo, porque no quiero que se sientan mal porque han cometido un error.

Cuando cometemos errores, Jesús se siente de la misma manera. Es como si Él estuviera diciendo: "No te preocupes, yo tengo lo necesario para limpiar tu confusión, y ni siquiera dejará mancha". Cuando el pecado es quitado y limpiado con la sangre de Jesús, ¡no debería dejar ninguna mancha de culpabilidad!

Dios no espera que no cometamos errores. Él ya conoce cada error que cometeremos jamás, y ya ha decidido perdonarnos. Sí hay que pagar por el pecado, ¡pero nosotros no tenemos que pagar! Imagina que fueses a la compañía eléctrica para pagar tu factura y ellos miraran tu cuenta y dijeran: "Alguien pagó su factura por completo ayer". ¿No sería necio si te quedaras allí intentando pagar la factura que ya había sido pagada por completo? Eso es exactamente lo que hacemos a veces con respecto a nuestro pecado. Pedimos a Dios que nos perdone, Él lo hace, y aun así seguimos intentando pagar con sentimientos de culpabilidad. Debemos aprender a pedir y recibir. Pedir es un paso, pero recibir completa el proceso. Debemos pedir y recibir para que nuestro gozo sea completo (Juan 16:24).

Si no sabemos cómo recibir el regalo gratuito de la misericordiosa gracia de Dios, entonces nos castigaremos a nosotros mismos con culpabilidad. Sacrificamos nuestra paz y nuestro gozo, pero nuestros sacrificios no son aceptables a Dios porque no son suficientes. Solamente Jesús pudo pagar el precio que había que pagar. Solamente Él podía llegar a ser el sacrificio perfecto y sin pecado por nuestros pecados. Deja de intentar pagar una deuda que no debes.

Salir de la ciudad del lamento

He contado esta historia antes, pero es necesario repetirla aquí porque es muy buena. ¡Es una alegoría sobre los lamentos que hace cobrar vida a la importancia de escoger tu destino con cuidado!

En realidad no había planeado hacer un viaje en esta época del año, y sin embargo me encontré haciendo las maletas con bastante prisa. Este viaje iba a ser desagradable, y yo sabía con antelación que no saldría ningún bien de él. Estoy hablando de mi anual "viaje de culpabilidad".

Compré los billetes para viajar allí en líneas aéreas Desearía Tener. Fue un viaje muy corto. Tomé mi equipaje, que decidí no facturar sino llevarlo yo misma durante todo el camino. Estaba aplastada por mil recuerdos de lo que ha sido. Me saludaron cuando entré en la terminal del aeropuerto internacional de Ciudad del Lamento. Digo internacional porque personas de todo el mundo llegan hasta esta deprimente ciudad.

Cuando me registré en el hotel Último Recurso, observé que sería la sede del evento más importante del año: la anual Fiesta de Autocompasión. Yo no iba a perderme esa gran ocasión social. Muchos de los principales ciudadanos de la ciudad estarían allí.

En primer lugar, estaría la familia Hecho, Debería Haber Hecho, Habría Hecho y Podría Haber Hecho. Entonces llegó la familia Hecho. Probablemente conozcas al viejo Desearía Haber Hecho y a su clan. Desde luego, los Oportunidades estarían presentes, los No Estaban y los Perdidos. La familia más grande sería la de los Ayer. Hay demasiados para poder contarlos, pero cada uno de ellos tendría una triste historia que compartir.

Entonces Sueños Destrozados seguramente haría su aparición; y Es Su Culpa nos regalaría historias (excusas) sobre cómo habían fallado las cosas en su vida, y cada historia sería clamorosamente aplaudida por No Me Culpes a Mí y No Pude Evitarlo.

Bien, para hacer corta la historia, yo fui a esa deprimente fiesta sabiendo que no habría ningún beneficio real alguno al hacerlo. Y como siempre, me deprimí mucho. Pero mientras pensaba en todas las historias de fracasos traídas del pasado, se me ocurrió que todo ese viaje y los posteriores viajes a "fiestas de autocompasión" podrían ser cancelados por mí. Comencé a entender verdaderamente que yo no tenía por qué estar ahí. No tenía que estar deprimida. Una cosa seguía pasando por mi mente: NO PUEDO CAMBIAR EL AYER, PERO TENGO LA CAPACIDAD DE HACER DEL HOY UN DÍA MARAVILLOSO. Puedo ser feliz, estar alegre, realizada, alentada y también ser una alentadora. Sabiendo eso, me fui inmediatamente de la Ciudad del Lamento sin dejar dirección alguna de referencia. ¿Lamento los errores que cometí en el pasado?¡SÍ! Pero no hay manera física alguna de deshacerlos.

Por tanto, si estás planeando un viaje de regreso a la Ciudad del Lamento, por favor cancela ahora todas tus reservas. En cambio, haz un viaje a un lugar llamado Comenzar de Nuevo. A mí me gustó tanto que ahora he establecido residencia permanente allí. Mis vecinos, los Me Perdono y los Nuevos Comienzos, son muy útiles. A propósito, no tienes que llevar por ahí equipaje pesado, porque la carga te la quitan de los hombros al llegar. Dios te bendiga al encontrar esta estupenda ciudad. Si tienes dificultad para encontrarla, aunque está en tu propio corazón, por favor búscame. Yo vivo en la calle Puedo Hacerlo.

Imaginación

Todos tenemos un área en nuestros pensamientos llamada "imaginación". Es donde vemos imágenes mentales de cómo creemos que son las cosas. Las imágenes pueden ser correctas o incorrectas. Si te ves a ti mismo como un fracasado, cuando en realidad eres un hijo de Dios perdonado, entonces tienes una imaginación que necesita ser renovada. La Biblia nos enseña a derribar fortalezas mentales e imaginaciones que no estén de acuerdo con la Palabra de Dios. Es nuestra tarea, junto con la del Espíritu Santo, llevar cautivo todo pensamiento a la obediencia a Cristo (2 Corintios 10:4-5). En términos sencillos, debemos aprender a pensar e imaginar como Dios lo hace si queremos ver su buen plan para nosotros hacerse realidad. Puedes pensar o imaginar cosas a propósito; no tienes que limitarte a esperar pasivamente para ver lo que cae en tu mente y entonces meditar en ello una y otra vez hasta que se convierta en parte de ti. Dios pone cosas en nuestra mente, pero Satanás también pone cosas en nuestra mente, y es vital que conozcamos la fuente de nuestros pensamientos e imaginaciones.

Con frecuencia, cuando me preparo para enseñar la Palabra de Dios, imagino o me veo a mí misma delante de las personas y predico el sermón en mi mente antes de llegar a la iglesia o al centro de conferencias. Creo que eso me ayuda a prepararme.

Ahora mismo voy de camino a casa y no he visto a Dave por unos días, así que tengo ganas de volver a verle. Vamos a ir a almorzar desde el aeropuerto, y varias veces he visto una imagen en mi mente del restaurante donde vamos a ir y de pedir los platos que siempre pedimos cuando vamos allí. Puedo vernos disfrutando del tiempo y poniéndonos al día de lo que nos ha sucedido a ambos mientras estábamos separados. Hoy es el cumpleaños de mi hija, y he imaginado que le gustará su regalo de cumpleaños cuando yo se lo dé.

Nuestras imaginaciones y nuestra mente nos preparan para la acción. Pueden prepararnos para el éxito o el fracaso, la alegría o la desgracia, y la decisión es nuestra. Si piensas en los errores del pasado, y en todas las cosas que has hecho mal, eso solamente te debilitará. Te obstaculiza a medida que intentas entrar en el futuro que Dios tiene para ti. A pesar de lo que hayas hecho en el pasado, aprende a verte a ti mismo como una nueva criatura en Cristo. Ve lo que quieres que suceda, no sólo más de lo que ya has tenido siempre.

Meditar en el pasado aviva la falsa culpabilidad y finalmente se convertirá en una fortaleza en tu mente. Una fortaleza es un área donde el enemigo se ha establecido. Es mucho más difícil derribar una fortaleza de lo que es formar el hábito de decir "no" a malos pensamientos cada vez que se presenten.

Necesitamos dejar de pensar en nuestros fracasos del pasado si queremos derrotar y vencer la culpabilidad y la vergüenza. Debemos dejar de enfocarnos en el pecado que ha sido perdonado y tratado, y comenzar a alabar a Dios, dándole gracias por la solución al problema. Piensa en lo maravilloso que es ser totalmente perdonado. A continuación hay algunas escrituras en las que meditar y que te ayudarán a derrotar a Satanás cuando llegue a ti con falsa culpabilidad.

Alaba, alma mía, al Señor, y no olvides ninguno de sus beneficios. Él perdona todos tus pecados y sana

todas tus dolencias; él rescata tu vida del sepulcro y
te cubre de amor y compasión.

Salmos 103:2-4

Tan lejos de nosotros echó nuestras transgresiones
como lejos del oriente está el occidente.

Salmos 103:12

Vengan, pongamos las cosas en claro—dice el
Señor—. ¿Son sus pecados como escarlata? ¡Quedarán
blancos como la nieve! ¿Son rojos como la púrpura?
¡Quedarán como la lana!

Isaías 1:18

Por lo tanto, ya no hay ninguna condenación para
los que están unidos a Cristo Jesús.

Romanos 8:1

Si confesamos nuestros pecados, Dios, que es fiel y
justo, nos los perdonará y nos limpiará de toda maldad.

1 Juan 1:9

Meditar en la Escritura es la mejor manera de defenderte
contra los ataques mentales del diablo.

Vergüenza

Una cosa es estar avergonzado de algo que hayas hecho mal,
pero es otra totalmente distinta llegar a estar avergonzado de
ti mismo. La vergüenza es realmente mucho más profunda
y más dañina que la culpabilidad. Yo no fui capaz de sanar
del abuso en mi niñez hasta que entendí que tenía vergüenza
tóxica llenando mi alma. Sentía vergüenza de quién era yo, y
eso envenenaba todo en mi vida.

Estoy segura de que al comienzo del abuso sexual por parte
de mi padre hacia mí, yo estaba avergonzada de lo que él

hacía, y claramente recuerdo sentirme culpable, aunque era demasiado pequeña para entender por qué me sentía así. En algún momento, a medida que el abuso continuó, puse la vergüenza en mi interior y me avergonzaba de mí misma porque él abusaba de mí. Yo pensaba que había algo muy malo en mí para que mi padre quisiera hacer las cosas que me hacía. Él me decía que lo que hacía era bueno y que lo hacía porque me quería mucho. Sin embargo, siempre me advertía una y otra vez que no se lo dijese a nadie, de modo que no tenía sentido para mí: si lo que él estaba haciendo era bueno, y él me decía que así era, entonces ¿por qué no podía yo decírselo a nadie? Y si era tan bueno, entonces ¿por qué no lo hacían todos? Yo estaba bastante segura de que no lo hacían. Como he dicho, me sentía confundida con respecto a todo aquello y no tenía respuesta alguna, pero estaba profundamente avergonzada de mí misma y tenía la seguridad de que había algo totalmente malo en mí. La banda sonora "¿Qué hay de malo en mí, qué hay de malo en mí, qué hay de malo en mí?" sonó una y otra vez en mi cabeza hasta que llegué a los cuarenta años. Entonces descubrí los devastadores efectos de la vergüenza y, con la ayuda de Dios, fui liberada de ella.

A lo largo de los muchos años de abuso, yo había desarrollado una naturaleza basada en la vergüenza, y mientras es ese el caso, las personas nunca pueden llegar a vencer por completo la culpabilidad. No sólo se sentirán culpables por ofensas reales, sino que también se sentirán culpables frecuentemente por ofensas imaginadas. Cualquier cosa que fuese incluso remotamente agradable me hacía sentir culpable, como si yo no tuviera derecho alguno a disfrutar. La vergüenza distorsionaba todo en mi vida. Era como si yo llevase puestas unas lentes con el cristal sucio, y todo me parecía sucio porque me sentía sucia por dentro.

Si este es un problema para ti, ¡tengo maravillosas noticias! Jesús ha quitado el reproche del pecado (la culpabilidad y la vergüenza). Él llevó tu culpabilidad y vergüenza. Él te ha declarado *no culpable* y te ha hecho una criatura totalmente nueva en Cristo (2 Corintios 5:17). Cuando te sientas condenado, no es Jesús quien te condena; es el diablo, y debes resistirle. Cuando tengas un ataque de culpabilidad y vergüenza, debes recordar quién eres en Cristo. Te recomiendo que digas en voz alta: "Dios me ama incondicionalmente, y Él ha perdonado todos mis pecados".

No somos nada por nosotros mismos, pero en Cristo somos perdonados, hechos nuevos, justificados, santificados, limpiados, y tenemos paz para con Dios. Dios no está enojado contigo; Él no está decepcionado o desagradado. ¡Él te ama! Estoy segura de que hiciste una buena tarea a la hora de recibir culpabilidad y condenación; ahora haz una tarea aún mejor a la hora de recibir justicia de Dios por medio de Cristo.

CAPÍTULO 9

La religión

*Algunas personas tienen tan sólo suficiente religión
para hacerse desgraciadas a sí mismas.*

Harry Emerson Fosdick

La religión nos da reglas a seguir, y promete que si seguimos
esas reglas, Dios se agradará de nosotros. El problema es que
no podemos seguirlas todas, y si nos sentimos culpables de
quebrantar una, Dios nos considera culpables de quebrantarlas
todas (Santiago 2:10). Si escogemos vivir mediante el legalismo
religioso y un sistema de cumplir reglas, entonces la debilidad
sencillamente no es una opción, de modo que batallamos por
ser fuertes en todas las áreas y aun así fracasamos. Si no guar-
damos todas las reglas, entonces sentimos que hemos pecado
y experimentamos toda la desgracia y la culpabilidad del pecado. También tenemos el sentimiento de estar separados de
Dios. Dios nunca nos abandona, pero nuestra culpabilidad
sitúa una sima entre nosotros. Cuando tenemos una falsa perspectiva de lo que Dios espera de nosotros, eso abre la puerta
a toda una vida de buscar algo que nunca podemos lograr, y
produce tremenda frustración y desengaño.

Por otro lado, Jesús nos ofrece precisamente lo contrario
a la religión. Nos ofrece un nuevo corazón, una nueva naturaleza y una relación íntima con Dios por medio de Él.
Todo eso es nuestro al poner nuestra fe en Él. Si creemos lo
que la Palabra del Dios nos enseña de lo que Jesús hizo por
nosotros, recibimos esas promesas y ellas nos liberan de la

tiranía de intentar ganarnos el amor y la aceptación de Dios por medio de nuestras propias obras.

> *Por lo tanto, si alguno está en Cristo, es una nueva creación. ¡Lo viejo ha pasado, ha llegado ya lo nuevo!*
>
> 2 Corintios 5:17

Jesús nos muestra cómo vivir mediante el ejemplo, nos da un deseo de hacerlo, y mediante el poder del Espíritu Santo nos capacita, nos fortalece y nos ayuda. Cuando entendemos lo que Dios ha hecho por nosotros mediante Jesús y aprendemos a recibir su increíble amor incondicional, le amamos a cambio y queremos agradarle al ser semejantes a Él y hacer lo que creemos que Él haría en cada situación. Querer hacer algo y hacer un esfuerzo debido al deseo es totalmente diferente a sentir la presión de tener que hacer algo por obligación y tener miedo si no lo hacemos.

La religión dice: "Tienes que hacer estas cosas", pero no te da poder alguno para hacerlas. Jesús dice: "Yo te daré un nuevo deseo; haré que quieras hacer las cosas correctas e incluso te capacitaré para que las hagas". Ahora te pregunto: ¿cuál de estos dos planes te parece mejor? La ley dice: "Estas son las reglas a seguir", pero no nos da ninguna ayuda para hacer lo correcto. Jesús nos da el deseo de hacer lo correcto y entonces nos envía un Ayudador, el Espíritu Santo, que permanece con nosotros durante toda nuestra vida para fortalecernos, capacitarnos, convencernos, enseñarnos y orar por medio de nosotros (Juan 14:26). Un sistema nos da descanso, mientras que el otro es una pesada carga. La religión produce atadura, pero Jesús nos da gracia, justicia, paz y gozo.

Hubo una vez una pareja que en realidad no se amaban el uno al otro. El esposo era muy demandante, tanto que preparaba una lista de normas y reglas para que su esposa las siguiera. Insistía en que ella las leyera una y otra vez y las obedeciera escrupulosamente. Sus "hacer" y "no hacer" incluían a qué hora debía levantarse ella en la mañana, cuándo debería servirle el desayuno, y cuándo debería realizar las tareas domésticas. Después de varios años, el esposo murió. Cuando pasó el tiempo, la mujer se enamoró de otro hombre, un hombre que la amaba profundamente. Poco después se casaron. Este esposo hacía todo lo posible para hacer feliz a su nueva esposa, demostrándole continuamente palabras amorosas y señales de su afecto. Un día mientras ella limpiaba la casa, encontró oculta en un cajón la lista de normas que su primer esposo le había hecho cumplir. Cuando la repasó, se dio cuenta de que aunque su actual esposo no le había dado nada de lo que había en la lista, ella de todos modos estaba haciendo todo lo que requería la lista de su primer esposo. Entendió que estaba tan enamorada de su actual esposo que su deseo más profundo era agradarle por amor, no por obligación.

Jesús no murió por nosotros para que pudiéramos tener una religión de normas y reglas, sino a fin de que por medio de Él pudiéramos disfrutar de una relación íntima con el Padre, el Hijo y el Espíritu Santo. Todos necesitamos preguntarnos si tenemos una religión o una relación. Por muchos años yo tuve una religión. Asistía a la iglesia, aprendí las reglas (la ley), e intenté fuertemente cumplirlas. Desde luego, las quebrantaba todo el tiempo y me sentía frustrada y decepcionada. Yo quería cumplirlas para poder sentirme bien conmigo misma y creer que Dios no estaba enojado conmigo y que me aceptaba, pero como fallaba la mayor parte del tiempo, normalmente me sentía mal conmigo misma y vivía con el vago sentimiento de que Dios no se agradaba de mí. ¿Te resulta familiar eso?

En raras ocasiones, cuando sí tenía algunos días buenos me sentía orgullosa de mí misma y me daba el mérito por mi supuesta bondad. Todos tenemos algunas cosas en las que somos buenos, pero solamente sirven para hacer que la persona religiosa juzgue a otros que no son tan buenos en las cosas que a él o ella se le dan bien. Pero si sabemos que cualquier bien que hagamos es Cristo obrando en nosotros y por medio de nosotros, entonces le damos a Él el mérito. Ser plenamente conscientes de nuestra propia incapacidad de hacer todo correctamente nos capacita para ser misericordiosos hacia otras personas cuando cometen errores.

Todo el sistema de la religión ha sido devastador para la causa de Cristo, y en realidad ha apartado a muchas personas de Dios en lugar de atraerlas a Él.

Dos tipos de religión

El teólogo danés del siglo XIX, Søren Kierkegaard, identificó dos tipos de religión: religión A y religión B. La primera es "fe" solamente de nombre (2 Timoteo 3:5). Es la práctica de asistir a la iglesia sin una fe genuina en el Señor viviente. La religión B, por otro lado, es una experiencia transformadora y que cambia el destino; es un compromiso definido con el Salvador crucificado y resucitado, que establece una continua relación personal entre un pecador perdonado y un Dios misericordioso.

Kierkegaard sigue diciendo que C. S. Lewis tuvo mucha dificultad para convertirse en cristiano porque la religión A le había cegado a la religión B. El apóstol Pablo dijo que él tuvo que morir a la ley a fin de vivir para Cristo (Gálatas 2:19). La niñez de C. S. Lewis le había causado lo que él denominaba una enfermedad espiritual mediante la asistencia obligatoria a la iglesia en sus años escolares y la sequedad de la religión ofrecida por una iglesia semipolítica.

Muchos jóvenes tienen una mala experiencia con la religión temprano en la vida, y eso con frecuencia les hace rechazar cualquier cosa que se parezca a religión o a iglesia.

Puede que hayan tenido padres religiosos que eran muy legalistas en sus expectativas de sus hijos, y el daño causado a tales niños puede ser devastador. Si nunca aprenden la diferencia entre la religión y una relación íntima con Dios por medio de Cristo, sufrirán la agonía de la separación de Dios a lo largo de toda su vida.

Mi propio padre tuvo una experiencia parecida. Su padre era muy religioso pero muy mezquino. Era duro, rígido y legalista, pero asistía a la iglesia dos veces por semana. Esta experiencia fue muy dañina para la perspectiva que mi padre tenía de Dios y de la religión. Él siempre tenía la opinión de que quienes asistían a la iglesia eran hipócritas, porque esa había sido su experiencia temprano en la vida. Creció con amargura y nunca se sobrepuso a ello, de modo que llegó a ser un hombre mezquino y abusivo como lo era su propio padre.

Todos deberíamos preguntarnos si tenemos la religión A o la religión B, y asegurarnos de tener la correcta. Si no lo hacemos, eso nos dañará no sólo a nosotros sino también a las personas a las que influenciamos.

No sólo hay dos tipos de religión; también hay dos tipos de justicia. La primera, la justicia A, es una justicia que intentamos ganarnos mediante nuestras buenas obras. La segunda, la justicia B, es la justicia de Dios que se da como un regalo gratuito a quienes sinceramente creen en Jesús. La justicia A causa batalla, frustración y falta de fruto, pero la justicia B nos permite descansar en Dios y apreciar su amor y misericordia.

Jesús invita a las personas que se esfuerzan por obtener una justicia basada en las obras a renunciar a eso y recibir la justicia basada en la fe.

Vengan a mí todos ustedes que están cansados y agobiados, y yo les daré descanso. Carguen con mi yugo y aprendan de mí, pues yo soy apacible y humilde

de corazón, y encontrarán descanso para su alma.
Porque mi yugo es suave y mi carga es liviana.

Mateo 11:28-30

Mi propia lucha por guardar las reglas y ganarme la justicia A fue intensa y causó muchos años de agonía. Toda mi perspectiva de Dios era equivocada. Yo le veía como un Dios demandante que nos daba reglas a seguir y que se enojaba cuando no las cumplíamos. Yo intentaba llegar a Dios mediante mi buena conducta, y siempre sentía que no lograba mi objetivo. Mediante el estudio de la Palabra de Dios y con la ayuda del Espíritu Santo como mi maestro, finalmente aprendí sobre la justicia B, y esa es la justicia recibida mediante la fe en Cristo.

Por tanto, nadie será justificado en presencia de Dios por hacer las obras que exige la ley; más bien, mediante la ley cobramos conciencia del pecado. Pero ahora, sin la mediación de la ley, se ha manifestado la justicia de Dios, de la que dan testimonio la ley y los profetas. Esta justicia de Dios llega, mediante la fe en Jesucristo, a todos los que creen. De hecho, no hay distinción.

Romanos 3:20-22

Dios no nos da una lista de reglas y después se queda en la banda viéndonos caer, sino que nos da un nuevo corazón y después nos ayuda a hacer todo aquello para lo cual nos ha dado un deseo. Debemos aprender a depender por completo de que Jesús nos sitúe en paz con Dios y nos ayude a hacer lo que es recto delante de sus ojos. Deberíamos formar el hábito de confiar en Dios en todas las cosas. La pauta cardinal para el cristiano que quiere ser lo que Dios quiere que sea es: "separados de mí no pueden ustedes hacer nada" (Juan 15:5). El apóstol Juan compara nuestra relación con Cristo con la relación que existe entre la vid y la rama. Toda la vida y el crecimiento potencial de la rama están en la vid, y sólo puede recibirse por parte de la rama si permanece en la vid. La rama depende totalmente de la vid para todo lo que necesita para crecer y dar fruto. Esta es una hermosa analogía de cómo debería ser nuestra vida con Cristo.

Cumplir la ley nunca produce buen fruto

El apóstol Pablo era un fariseo religioso que cumplía las reglas, sin embargo la Escritura nos enseña que perseguía a los cristianos. ¿No es interesante que las personas religiosamente legalistas persigan a los verdaderos cristianos? Pablo finalmente vio la luz y finalmente decidió ser encontrado y conocido como en Cristo, sin tener ninguna justicia supuestamente lograda por él mismo que estuviera basada en las demandas de la ley, sino que quería poseer esa justicia genuina que llega mediante la fe en Cristo (Filipenses 3:9).

Hace muchos años yo estaba realizando un seminario en mi ciudad, y mi hija preguntó al gerente del parque de casas móvil en el que vivía en ese momento si podía poner folletos en los buzones de correo. Recibió permiso, y la única queja que obtuvo fue de una mujer que se sabía que era muy religiosa. Aunque la mujer no me conocía de nada, se formó una opinión negativa simplemente porque yo no era exactamente como ella. Estoy segura de que ella seguía todas las reglas de su secta religiosa en particular, y aun así no mostraba el fruto del Espíritu Santo hacia mí.

Puedo decir sinceramente que algunas de las heridas más profundas que he experimentado en mi vida han llegado de personas religiosas y cumplidoras de reglas y que no caminaban en amor. Si creemos que no tenemos faltas, entonces encontramos faltas en casi todos los demás; pero si sabemos que necesitamos perdón, también seremos capaces de mostrarlo. Si sabemos que necesitamos misericordia y paciencia de parte de Dios, seremos capaces de dar esas cosas a los demás. Es imposible dar lo que nosotros no hemos recibido primero de Dios.

Una actitud religiosa es una de las peores que alguien puede tener. Siempre aparece ante los demás como superior y crítico. Jesús dijo que las personas religiosas fácilmente pueden decir a los demás lo que tienen que hacer, pero ellos mismos no siempre lo hacen. También ponen pesadas cargas sobre otros demandando que las cumplan perfectamente, pero entonces ellos ni siquiera levantarán un dedo para ayudar. Cuando hacen buenas obras, las hacen para ser vistos, de modo que incluso sus motivos para hacerlas son egoístas (Mateo 23:1-5).

Deberíamos orar para que Dios nos revele la belleza de la intimidad con Él y la verdadera justicia. Nunca estés satisfecho con una copia falsa de lo que es verdadero y que Jesús murió para dárnoslo.

Reglas extrabíblicas

Dios dio a Moisés diez mandamientos para dar al pueblo, pero he oído que cuando Jesús vino a la tierra esos diez se habían ampliado hasta aproximadamente 2.200. Lo que debemos entender sobre un sistema religioso legalista es que nunca queda satisfecho. Ninguna cantidad de bien realizado es suficiente, de modo que se añaden constantemente reglas adicionales. Mateo dijo que Juan tampoco comía ni bebía con otros, y que los fariseos religiosos decían que tenía un demonio. Jesús vino comiendo y bebiendo, y dijeron que era un glotón (Mateo 11:18-19).

Satanás ha utilizado sus opiniones divergentes de cuáles deberían ser esas reglas para dividir al pueblo de Dios. Un joven relató la siguiente historia: "Soy sincero sobre abandonar 'el mundo' y seguir a Cristo, pero estoy confundido sobre las cosas mundanas. ¿Qué es lo que debo abandonar?". La respuesta fue: "Por una parte, ropa de colores vivos. Deshazte de todo lo que haya en tu armario que no sea de color blanco. Deja de dormir sobre una almohada blanda. Vende tus instrumentos musicales y ya no comas pan blanco. Si eres sincero en cuanto a obedecer a Cristo, no puedes tomar baños calientes ni afeitarte la barba. Afeitarse va en contra Aquel que nos creó, por intentar mejorar su obra".

Desde luego, eso suena absurdo, ¡pero fue la respuesta ofrecida por algunas de las escuelas cristianas más celebradas del segundo siglo! Elizabeth Elliot dijo: "¿Es posible que las reglas que han sido adoptadas por muchos cristianos del siglo XX sonarán igual de absurdas a los seguidores sinceros de Cristo dentro de algunos años?".

La lista de escrúpulos extrabíblicos ha cambiado constantemente a lo largo de los últimos 1.800 años. Necesitamos desesperadamente seguir la Palabra de Dios en lugar de las doctrinas de hombres, a menos que esas doctrinas estén de acuerdo con la Palabra de Dios. Cada persona debería conocer por sí misma la Palabra de Dios y no depender totalmente de lo que otras personas le digan. Debemos conocer a Dios personalmente y no quedar satisfechos con una fe de segunda mano que recibimos por medio de otra persona.

En la carta de Pablo a los Gálatas, les dijo que se mantuvieran libres y no se enredasen en el legalismo. Les suplicó que se mantuvieran como él estaba, libre de las ataduras del ritualismo y las ordenanzas. Él quería que ellos fuesen guiados por el Espíritu Santo de Dios, y no por las ordenanzas legalistas que había que cumplir. Les advirtió que se mantuvieran vigilantes a la persuasión malvada del legalismo que constantemente buscaba una apertura en sus vidas. Pablo dijo que incluso un poco de levadura de legalismo podía pervertir todo el concepto de la fe y desviar a la iglesia. Te aliento a que estudies el libro de Gálatas para tener un entendimiento sano de la diferencia entre ley y gracia.

Jesús dijo que Él nos daba un nuevo mandamiento, y era que nos amásemos los unos a los otros como Él nos ha amado, y que por eso todos los hombres conocerían que somos sus discípulos (Juan 13:34). Como mencioné, he escuchado que los Diez Mandamientos se habían desarrollado hasta formar 2.200 reglas, pero Jesús lo resumió en una sola cosa. ¡Enfocarnos en el amor! Si amamos sinceramente, cumpliremos la voluntad de Dios y disfrutaremos al hacerlo.

"En contraste con el único mandamiento de Cristo de amar, los fariseos habían desarrollado un sistema de 613 leyes compuestas por 365 mandamientos negativos y 248 leyes positivas. Cuando Cristo vino a la tierra, este sistema había producido una rama de justicia fría, sin corazón y arrogante. Como tal, contenía al menos diez trágicos errores.

1. Era necesario inventar continuamente nuevas leyes para nuevas situaciones.
2. La responsabilidad ante Dios es sustituida por la responsabilidad ante los hombres.
3. Reduce la capacidad de la persona de discernir personalmente.
4. Creaba un espíritu crítico.
5. Los fariseos confundían las preferencias personales con la ley divina.
6. Produce incoherencias.
7. Creaba una falsa norma de justicia.
8. Se convirtió en una carga para los judíos.
9. Era estrictamente externa.
10. Fue rechazada por Cristo.

De *Fan The Flame* (Sopla la llama), J. Stowell

Hace varios años se contaba la historia de un pastor que encontró las carreteras bloqueadas una mañana de domingo debido a que el río se había congelado por completo. Se vio obligado a esquiar sobre la superficie del río para llegar a la iglesia. Cuando llegó a la iglesia, los ancianos quedaron horrorizados porque su pastor hubiera esquiado en el día del Señor. Después del servicio, tuvieron una reunión en la cual el pastor explicó que tenía que decidir entre esquiar para llegar a la iglesia o no acudir. Finalmente, uno de los ancianos preguntó: "¿Y le gustó?". Cuando el predicador respondió "no", ¡la junta decidió que todo estaba bien!

¿No es sorprendente? Mientras el predicador no se hubiera divertido el día del Señor, podía seguir siendo pastor de la iglesia. El ladrón de la religión viene para robar y matar todo nuestro gozo, pero Jesús vino para que pudiéramos tener y disfrutar una vida abundante (Juan 10:10). Las personas que cumplen reglas religiosas casi siempre tienen una cara amargada y están en contra de toda diversión y disfrute.

Un hombre que trabaja en nuestro ministerio como pastor en plantilla compartió conmigo que toda su vida había sido un muchacho muy jovial hasta que se volvió religioso. Dijo que gradualmente se fue volviendo cada vez más legalista hasta que no se divertía en absoluto, y tampoco era divertido estar con él. Su esposa realmente le preguntó qué le había sucedido al hombre divertido con el que se había casado. Afortunadamente, él vio la verdad y fue liberado de la atadura del legalismo, y ha regresado a su forma de ser piadosa y a la vez amante de la diversión.

Nada puede ahogar el corazón y el alma del caminar con Dios como lo hace el legalismo. Dios sí quiere que seamos personas disciplinadas, pero una disciplina sana está muy lejos del rígido legalismo. Considera la historia de Hans el sastre.

Debido a su reputación, un influyente empresario que estaba de visita en la ciudad encargó un traje hecho a medida, pero cuando llegó a recoger su traje, el cliente descubrió que una manga estaba torcida hacia un lado y la otra hacia otro lado; uno de los hombros sobresalía y el otro estaba hundido. Lo intentó y consiguió encajar su cuerpo en el traje. Mientras regresaba a su casa en el autobús, otro de los pasajeros observó su aspecto extraño y preguntó si Hans el sastre había hecho el traje. Al recibir una respuesta afirmativa, el hombre comentó: "¡Increíble! Yo sabía que Hans era un buen sastre, pero no tenía idea de que pudiera hacer un traje que le quedase perfectamente bien a alguien tan deforme como usted".

Con frecuencia, eso es precisamente lo que hacemos en la iglesia. Tenemos cierta idea de cómo debería verse la fe cristiana: entonces empujamos y hacemos que las personas encajen en las configuraciones más grotescas hasta que les quedan maravillosamente bien. Eso es muerte. Es un legalismo rígido que destruye el alma.

Debemos recordar que Dios no está enojado si no seguimos todas las reglas, porque no es Él quien dio todas las normas hechas por el hombre, para comenzar. Él da nueva vida y nuevos deseos. Él nos capacita para seguirle con un nuevo corazón que está lleno de pasión por agradarle, y no de temor a desagradarle.

CAPÍTULO 10

¿Triste, enojado o contento?

Adoren al Señor con gozo. Vengan ante él cantando con alegría.

Salmos 100:2, NTV

Había una vez un muchacho que fue a pasar la semana con su abuelo en la granja. Mientras caminaba por allí, observó a los pollos, que estaban rascando la tierra y jugueteando. El pequeño muchacho dijo: "No lo tienen". Después vio a un potro en el campo jugueteando y moviendo sus pezuñas, a lo cual respondió: "Él no lo tiene". Después de examinar todos los animales que había en la granja de su abuelo y ver que ninguno de ellos "lo" tenía, ese muchacho finalmente encontró al viejo burro en el establo. Cuando vio la larga y sombría cara de burro y el modo en que el burro estaba allí tristemente, gritó para que su abuelo llegase enseguida. "Lo encontré, lo encontré", seguía gritando el muchacho. Cuando su abuelo preguntó qué había encontrado, él dijo: "Abuelo, encontré un animal que tiene el mismo tipo de religión que tienes tú".

Anónimo

Nuestra relación con Dios y la realidad de lo que significa ser un hijo de Dios perdonado y querido debería darnos un gozo inimaginable, de modo que ¿por qué hay tantas personas que afirman ser cristianas que se ven tan tristes? Yo creo que se debe a que no entienden la realidad de ser una nueva creación en Cristo y la herencia que es nuestra por medio de nuestra fe en Él. Hasta que entendamos las increíbles cosas que Dios ha hecho por nosotros, siempre haremos obras para ganarnos y merecernos lo que Dios ya nos ha dado por su gracia como un regalo gratuito.

Siempre estaremos frustrados y defraudados porque incluso nuestros mejores esfuerzos para vivir una buena vida no nos darán una posición correcta delante de Dios. Nos sentiremos agotados, aplastados y quemados, y el resultado será una pérdida total del verdadero gozo. Terminaremos enojados y tristes en lugar de estar contentos, tal como Dios desea que estemos. El salmista David habló con frecuencia de estar alegres; eso se debía a su perspectiva correcta de Dios y su relación íntima con Él. En Salmos 16:11 (RVR-1960) David dijo: "En tu presencia hay plenitud de gozo". Obviamente, él no tenía temor a que Dios estuviese enojado con él, o no habría tenido gozo en su presencia.

> Convertiste mi lamento en danza; me quitaste la
> ropa de luto y me vestiste de fiesta.
>
> Salmos 30:11

Esta escritura describe lo que nuestra relación con Dios debería hacer por nosotros. ¿Estás contento? ¿Tienes gozo la mayor parte del tiempo? En una escala de uno a diez, ¿cuál es tu nivel de gozo? Después de ser cristiana y ministro por muchos años, tuve que responder yo misma a esas preguntas, y me di cuenta de que estaba enojada y triste más de lo que estaba alegre. También sabía que tenía que cambiar. Era una trabajadora muy dedicada y muy responsable, pero no disfrutaba plenamente de mucho de lo que hacía. Yo quería hacerlo, entonces ¿por qué no lo disfrutaba? Fueron necesarios algunos años para desempacar todo mi equipaje y llegar hasta la raíz de mi problema. El equipaje son viejas suposiciones y conductas que inevitablemente aportamos a las nuevas relaciones. Yo llevaba equipaje de mi pasado a mi relación con Dave, y fue necesario mucho tiempo para que yo pudiera desempacarlo por completo, e incluso ahora a veces encuentro algo que está muy bien empacado y de lo que me he olvidado, y tengo que abordarlo. Llevamos nuestro equipaje a las amistades, al matrimonio y a nuestra relación con Dios. Llevamos cosas de nuestro pasado, como temor, dolor, inseguridades, dudas, malentendidos, defensa y expectativas. Los empacamos y los llevamos con nosotros todo el tiempo, y se convierten en pesado equipaje, sin duda alguna. Tenemos que desempacar nuestro equipaje. A medida que comencemos a confrontar problemas, dejaremos atrás tristeza y enojo, y experimentaremos nuevos niveles de alegría.

La meta más importante de este libro es librarte del equipaje que has llevado a tu relación con el Señor. Dolor, malas enseñanzas, perspectivas erróneas de un padre, una fe basada en las obras, un temor de Dios equivocado y otras cosas que son todas ellas objetos pesados de equipaje que roban nuestro gozo.

El Salmo 100 nos dice que sirvamos al Señor con alegría, y creo que eso es lo menos que podemos hacer después de todo lo que Él ha hecho por nosotros. Tan sólo imagina cómo te sentirías si hicieras todo lo que pudieras para dar a tus hijos una vida estupenda y aun así ellos se negaran a estar alegres y a disfrutarla. Dios nos ha dado todo lo que necesitamos para disfrutar de Él, para disfrutar de nosotros mismos y de la vida que Él nos ha dado, ¡y ya es tiempo de que dejemos de estar enojados o tristes y estemos alegres!

¿Por qué tantas personas descubren que pierden su amor a la felicidad cuando comienzan a aceptar la obligación de la religión? Antes de nada, no deberíamos ver nuestra relación con Dios como una obligación, sino como un privilegio. No es algo en lo que tengamos que participar, sino algo en lo que somos bendecidos y privilegiados de poder participar. También es posible que no amemos y valoremos la felicidad como deberíamos.

Cuando busqué las raíces de mi falta de gozo, una de las cosas que descubrí fue que yo no entendía verdaderamente el gran valor y la importancia del gozo. El gozo para nuestras vidas es como la gasolina para un motor. Sin gasolina, el motor no funcionará; sin gozo, no creo que el ser humano funcione bien tampoco. El gozo nos da realmente energía física; ¡proporciona el ímpetu y el entusiasmo que necesitamos en nuestras vidas! Según el profeta Nehemías: "El gozo del Señor es nuestra fortaleza".

> *El gozo para nuestras vidas es como la gasolina para un motor. Sin gasolina, el motor no funcionará; sin gozo, no creo que el ser humano funcione bien tampoco.*

Sin gozo, todo está "abajo" (es negativo, cansado, insulso y plano). Nuestros pensamientos son negativos, nuestra actitud es negativa, nuestras emociones están abajo (deprimidas), e incluso nuestra cabeza, hombros y brazos cuelgan flácidos. Jesús no murió para darnos una vida "baja"; ¡Él es nuestra gloria y quien levanta nuestra cabeza!

Cuanto más gozo tengo, menos cansada me siento. El gozo libera creatividad en mí e incluso me hace parecer más amigable. Creo que la falta de gozo es un problema más grave de lo que pensamos. Las estadísticas dicen que hasta 340 millones de personas sufren de depresión, y leí que en Estados Unidos solamente, alguien intenta cometer suicidio cada catorce minutos y medio. Si añadimos a esas cifras todas las personas que están tristes y enojadas, eso supone mucha infelicidad. Podrías estar pensando: "Bueno, Joyce, me gustaría sentirme más feliz, y estoy seguro de que a todas esas personas les gustaría sentirse más felices". No podemos quedarnos sentados pasivamente y desear sentirnos más gozosos; debemos emprender la acción y descubrir por qué somos infelices. Dios nos ha dado gozo, de modo que si no lo sentimos, entonces debemos de haberlo diluido de alguna manera hasta el punto en que ya no es lo bastante potente para dar sabor a nuestras vidas.

Si yo tengo un vaso de limonada y comienzo a echar vasos de agua dentro, la diluiré hasta el punto en que ya no sepa en absoluto a limonada. Eso es lo que yo había hecho con mi gozo, y posiblemente lo que muchas personas han hecho también al suyo.

El gozo es un regalo de Dios

Cuando recibimos a Jesús en nuestra vida como nuestro Salvador, recibimos todo lo que Él es en nuestro espíritu. Recibimos al Espíritu Santo y todo el fruto del Espíritu, el fruto del gozo incluido.

> *En cambio, el fruto del Espíritu es amor, alegría, paz, paciencia, amabilidad, bondad, fidelidad, humildad y dominio propio.*
>
> Gálatas 5:22-23

Este pasaje verifica que hemos recibido gozo (alegría), al igual que todos los otros frutos del Espíritu Santo. El primer paso para hacer uso de cualquier cosa es creer que uno la tiene. Alguien podría tener un millón de dólares, pero si no sabe que los tiene, podría vivir la vida de un pobre. Hemos escuchado de casos como ese, y todos nos quedamos sorprendidos. Puedo decirte que hay más casos de pobres espirituales que económicos. Los cristianos tristes son personas que simplemente no saben lo que tienen en Cristo. No saben lo que Él ha hecho por ellos. O nunca han sido informados, o han escuchado la verdad pero se niegan a creer que pudiera ser cierto para ellos, porque piensan que Dios está enojado con ellos o que no se merecen sus bendiciones. Algunas personas llegan a creer que no se merecen ser felices, y por eso nunca lo son.

Yo creo que solamente las personas que tienen una relación con Dios pueden experimentar el verdadero gozo. Otras personas puede que tengan diversas versiones de la felicidad de vez en cuando, pero viene y va basándose en sus circunstancias. Sin embargo, el gozo es un calmado deleite que podemos tener todo el tiempo a pesar de cuáles sean nuestras circunstancias. Eso es un regalo de Dios y bastante imposible de tenerlo de ninguna otra manera.

¡Tenemos gozo en nosotros! Primero necesitamos creer que lo tenemos, y si no lo estamos experimentando, entonces debemos preguntarnos qué lo está diluyendo.

Cosas que diluyen el gozo

Una perspectiva incorrecta de Dios sin duda alguna diluirá nuestro gozo. Hablé hace poco con una mujer y le mencioné el título de este libro. Su esposo murió repentinamente hace unos cuatro años, y ha sido muy difícil para ella sobrepasar su tristeza. Estuvo soltera hasta llegar a los cuarenta años, y cuando se casó fue una relación maravillosa. Pero después de diez años, su esposo murió en el hospital debido a una infección después de una cirugía muy sencilla que no debería haber causado ningún problema en absoluto. Fue sorprendente, totalmente inesperado y devastador para ella. Cuando oyó el título de mi libro, dijo: "Con frecuencia me he preguntado si Dios está enojado conmigo porque me ha resultado tan difícil sobreponerme a la muerte de mi esposo". Eso reafirmó para mí lo importante que es este mensaje. Puede que haya incluso más personas de las que yo había imaginado que sufren de esta perspectiva incorrecta de Dios, pensando que Él se enoja fácilmente y está defraudado con nosotros la mayor parte del tiempo a menos que podamos reaccionar perfectamente a cada situación en la vida.

Dios no está enojado con esta mujer, sino que entiende su dolor. Dios es nuestro Consolador, ¡no nuestro atormentador! Hasta que entendamos plenamente el carácter de Dios y tengamos una perspectiva correcta de Él, el temor a que Él no se agrade de nosotros parece ser un veneno que inundará nuestro pensamiento y hará concesiones en nuestra vida. Al igual que el muchacho entendía al perrito cojo en la historia que relaté anteriormente, Dios entiende todo nuestro dolor, y Él es el Dios de todo consuelo que nos consuela en cada aflicción (2 Corintios 1:4).

El diablo utilizará casi cualquier cosa para hacernos creer que Dios está enojado con nosotros, y conseguir que nos enojemos con nosotros mismos. Aquí está otra historia que ilustra lo que quiero decir.

Francis ha sufrido de depresiones clínicas debilitantes que han durado meses cada vez durante el curso de su vida. Los médicos han establecido que esas depresiones se deben a sinapsis inadecuadas, o elementos químicos en ciertas áreas de su cerebro. Aunque ha sido capaz de ganarse la vida y vivir una vida relativamente normal, ha sufrido terriblemente durante muchos episodios paralizantes.

Ella cuenta de una ocasión en que fue publicista para una famosa actriz. El trabajo de Francis era contratar tours de publicidad para que su jefa promoviera su carrera. En aquel momento en particular, se acercaba un tour por treinta y cinco ciudades, y Francis tenía que llamar a multitud de programas de televisión y de radio, revistas y periódicos, para organizar las cosas de modo que ellos cubrieran el tour.

Sucedió que durante ese período ella estaba atravesando una importante depresión. Apenas era capaz de poder vestirse y llegar a su oficina cada día, y mucho menos organizar un tour publicitario de un mes de duración.

Mientras miraba treinta páginas de itinerario vacío a la espera de ser rellenadas, intentó reunir los recursos para comenzar a hacer llamadas telefónicas, pero sencillamente no podía enfrentarse a la tarea. Comenzó a reñirse a sí misma, y pensaba para sí: "Eres una perezosa. Eres una mala excusa de un ser humano; deberías estar avergonzada". Una y otra vez, se decía a sí misma lo miserablemente fracasada que era.

Francis, una cristiana comprometida, tiene una expresión de maravilla en su rostro mientras sigue relatando su historia. Incluso ahora, años después del incidente, se siente obviamente conmovida por lo que sucedió a continuación.

"De la nada, comencé a 'oír' una pregunta, no literalmente sino en mis pensamientos. 'Si tuvieras una amiga que sufriera como tú y estuviera en tu situación, ¿cómo responderías?'". Francis decidió que se sentiría triste por su amiga que estuviera en medio de una crisis. "¿Y si la persona no fuese tu amiga sino sólo una conocida?", oyó después. Francis sabía que seguiría sintiendo lástima por esa persona. Entonces oyó una tercera pregunta. "Si esa persona fuese alguien que te hubiera tratado terriblemente mal, que fuese mezquina y horrible contigo, ¿cómo te sentirías?".

Incluso entonces, Francis sabía que tendría una vena de compasión.

Francis nunca olvidará lo que vino a su mente a continuación: "Entonces, si te trataras a ti misma tan bien como tratarías a tu peor enemigo, estarías mucho mejor de lo que estás ahora".

Francis cree que el Espíritu Santo estuvo hablándole ese día, destacando que con frecuencia nosotros somos nuestro peor juez; y Jesús dijo que amemos a nuestros enemigos. Si deberíamos amar a nuestros enemigos, entonces es lógico que también deberíamos amarnos a nosotros mismos.

Solamente podemos hacer cosas por medio de Cristo. Cuando sabemos eso, podemos aceptar que Dios no sólo no está enojado con nosotros, sino que nosotros no tenemos que estar, ni deberíamos estar, enojados con nosotros mismos cuando no estamos a la altura. La experiencia de Francis cambió su perspectiva de Dios y el modo en que Él trata con sus hijos.

Bill Bright dijo: "Todo sobre nuestras vidas—nuestras actitudes, motivos, deseos, actos e incluso nuestras palabras— está influenciado por nuestra perspectiva de Dios". A.W. Tozer dijo: "Lo que viene a nuestra mente cuando pensamos en Dios es lo más importante sobre nosotros". ¿Te sientes cómodo y relajado cuando piensas en Dios, o te sientes tenso e incluso temeroso? Debido a que nuestra perspectiva de Dios afecta a todas nuestras decisiones, podemos compararla a los cimientos de un edificio. Si los cimientos están mal, tarde o temprano el edificio se derrumbará.

Una perspectiva equivocada de Dios no es un problema nuevo. En el Antiguo Testamento, el pueblo escogido de Dios cedió a perspectivas incorrectas de Él. Después de haber sido esclavos en Egipto por muchos años, Dios les liberó con mano poderosa y muchos milagros sorprendentes. Él dividió el mar Rojo y ellos cruzaron sobre tierra seca; Él sacó agua de una roca para que pudieran beber, y les envió pan celestial llamado maná desde el cielo cada día para que pudieran comer, y aun así ellos no veían a Dios como bueno y amoroso. "Pero los israelitas estaban sedientos, y murmuraron contra Moisés. —¿Para qué nos sacaste de Egipto? —reclamaban—. ¿Sólo para matarnos de sed a nosotros, a nuestros hijos y a nuestro ganado?" (Éxodo 17:3). Después de todo lo que habían visto hacer a Dios por ellos a causa de su bondad, seguían considerándole enojado y desagradable. ¡Vaya! Es difícil creer cómo ellos o, de hecho, nosotros, podríamos hacer eso. Pero a menos que conozcamos el verdadero carácter de

Dios y entendamos que Él es solamente bueno todo el tiempo, también nosotros nos encontraremos quejándonos. Es totalmente esencial que recordemos siempre que incluso cuando no obtenemos lo que queremos, o cuando nuestras circunstancias parecen ser difíciles, la intención de Dios sigue siendo buena. Él obrará algo bueno en nosotros en medio de la dificultad que estemos afrontando si seguimos considerándole correctamente y ponemos nuestra confianza en Él.

Algunas personas incluso pueden creer erróneamente que cuando tienen problemas en la vida se debe a que Dios está enojado con ellas por algún pecado del pasado. Yo he oído a personas decir cosas como las siguientes: "Tuve un aborto espontáneo, y me pregunto si Dios me está castigando por mi modo de vivir en el pasado; "Acabo de enterarme de que tengo cáncer, y me pregunto si Dios me está castigando por haber tenido un aborto cuando era adolescente". Frases como esas demuestran que esas personas tienen una perspectiva incorrecta de Dios. Él no nos castiga por pecados del pasado haciendo que lleguen cosas malas a nuestras vidas. ¡Nuestros problemas no son una señal de que Dios esté enojado con nosotros! Estamos en el mundo, y Jesús dijo que en el mundo tendríamos aflicción; también nos dijo que nos alegrásemos porque Él había vencido al mundo (Juan 16:33).

Hace más de veinte años, yo tuve cáncer de mama que requirió cirugía. La palabra "cáncer" nos asusta a todos, pero recuerdo que lo primero que Dios puso en mi corazón fue seguir creyendo y diciendo: "Dios es bueno, Él me ama, y esto obrará para mi bien al final". Permanecer positivo y seguir creyendo en la bondad de Dios durante los momentos de prueba y tribulación evitará que tu gozo se diluya.

La preocupación y la ansiedad diluirán nuestro gozo. Dios nos da la elección de poner toda nuestra preocupación sobre Él y creer que Él se ocupará de nosotros, o podemos preocuparnos, lo cual no nos hace ningún bien, es una pérdida total de tiempo y muestra que no confiamos en Dios. La preocupación y el gozo no encajan bien juntos. Después de enseñar la Palabra de Dios por cerca de treinta y cinco años, creo que enseñar a las personas a no preocuparse es vital, pero no creo que cualquiera de nosotros deje de preocuparse hasta que tenga suficiente experiencia con la fidelidad de Dios para entender que Él es ciertamente mejor para resolver problemas que nosotros.

Cada dificultad en la vida por la que he pasado me ha ayudado a atravesar mejor la siguiente. Dios es fiel, y confiar en eso libera gozo en nuestra vida. Como digo con frecuencia: "Preocuparse es como estar en una mecedora todo el día; nos mantiene ocupados, pero no nos lleva a ninguna parte". Cuanto más entendemos el infinito amor de Dios por su pueblo, más capaces somos de dejar de preocuparnos y confiar en Él en todo tipo de situación. Incluso cuando Jesús estaba muriendo dolorosamente en la cruz, se entregó a sí mismo y lo demás a Dios porque sabía que era imposible que Dios le fallase.

El razonamiento es otra cosa que diluirá el gozo de Dios en nuestra vida. Todos queremos respuestas, pero muchas veces Dios retiene la comprensión porque quiere que confiemos en Él sin tenerla. Debemos aprender a estar gozosos, conociendo a Aquel que *sí* sabe todas las respuestas, en lugar de esforzarnos por saber las respuestas por nosotros mismos. Recientemente leí que "vivimos la vida hacia delante, pero desgraciadamente sólo podemos entenderla hacia atrás". Qué cierto es eso. Todos podemos mirar atrás a cosas que permitimos que robasen nuestra paz y nuestro gozo cuando estaban sucediendo, y decir: "Ahora entiendo lo que Dios estaba haciendo en esa situación".

Renunciar al razonamiento fue muy difícil para mí porque yo quería tener el control y no experimentar ninguna sorpresa en la vida. Por tanto, pasé una gran cantidad de tiempo intentando comprender las cosas. "¿Por qué, Dios, por qué?"

era mi oración más frecuente. Quizá puedas identificarte con eso. Pero cuando renuncié a razonar y permití que Dios tomase el control, mi gozo aumentó mucho.

Otra cosa que diluye el gozo es ser complicado. Creo que todos necesitamos simplificar nuestro enfoque de la vida. Dudo que la vida vaya a volverse más sencilla, pero podemos cambiar nuestro modo de vivirla. Por ejemplo, yo no tengo que mantener el paso de todos los demás. Tu amigo puede que tenga una profunda deuda a fin de tener una casa más grande y un auto caro, pero si un apartamento y un auto más pequeño encajan mejor en tu presupuesto, entonces no tienes que estar en una competición. Dios nos requiere que seamos nadie más que nosotros mismos. No tenemos que parecer como otra persona ni hacer cosas que otros hacen. Aprender a ser tu único e increíble yo es vital para el gozo, y hablaremos de eso con detalle en el capítulo siguiente.

Aprender a perdonar con rapidez y completamente es una de las claves más importantes para mantener el gozo en nuestras vidas. Debido a que Dios nos ha perdonado, Él espera que perdonemos a los demás por las injusticias que nos hayan hecho. Creo que hay más personas en el mundo que están enojadas con alguien que quienes no lo están. Es un dilema global. Satanás obtiene más terreno en las vidas de las personas por medio de la falta de perdón que mediante cualquier otra cosa. Al igual que necesitamos recibir perdón de Dios y creer completamente que Él no está enojado con nosotros, así también necesitamos perdonar a los demás y no estar enojados con ellos. El enojo diluirá nuestro gozo de manera rápida e inmediata. Es imposible estar enojado y gozoso al mismo tiempo.

Algunas personas entierran su enojo en lo profundo de su alma y después pasan su vida preguntándose por qué no pueden encontrar paz y gozo. Pasan por la vida pensando que su enojo está justificado, pero no podemos justificar lo que Dios condena. Te aliento a que te niegues a vivir tu vida enojado. ¿Por qué permanecer enojado con alguien que disfruta de la vida y que quizá no sabe que estás molesto, o ni siquiera le importa?

Yo desperdicié años aborreciendo a mi padre por haber abusado de mí, y digo "desperdicié" porque eso es exactamente lo que hice. Todo mi enojo y mi odio no cambiaron absolutamente nada. No le cambiaron a él, y tampoco cambiaron lo que sucedió. Pero sí me cambiaron a mí de manera muy negativa e improductiva. Estar enojado es como beber veneno y esperar que eso mate a tu enemigo. ¡Sólo te daña a ti! Hazte un favor a ti mismo y perdona. Tu gozo regresará, y cuando perdones y confíes en que Dios se ocupará de la situación, verás resultados. Nuestros enemigos no pueden pagarnos por lo que nos han arrebatado, pero Dios puede hacerlo y lo hará si confiamos en Él.

Aprender a ser misericordiosos hacia las faltas de otros libera gozo en nuestras vidas. Podemos decidir confrontar cada pequeña cosa que alguien hace para

> Estar enojado es como beber veneno y esperar que eso mate a tu enemigo. ¡Sólo te daña a ti!

molestarnos, o podemos ser misericordiosos y comprensivos. Hay cosas que sí necesitamos confrontar, pero muchas cosas que hemos convertido en inmensos problemas podrían ser pasadas fácilmente por alto si decidiéramos ser más misericordiosos. Yo estoy muy agradecida porque Dios no haga una montaña de cada pequeño error que cometemos, ¿y tú? Él sí nos castiga para nuestro propio bien, pero no nos carga en exceso de muchos recordatorios de nuestros errores. Si lo hiciera, estaríamos abrumados y seríamos incapaces de avanzar.

Creo que el pecado oculto diluye nuestro gozo. Necesitamos vivir en la luz y ser rápidos para arrepentirnos y recibir perdón. De todos modos, Dios conoce todo sobre nosotros, y lo mejor que podemos hacer es afrontar nuestras faltas y pedir a Dios que nos ayude. El salmista David incluso pidió a Dios que le limpiase de sus faltas inconscientes. Él no quería tener nada sobre su conciencia, ni siquiera algo de lo que no fuese plenamente consciente. Una conciencia culpable es una pesada carga y sin duda nos roba el gozo.

Probablemente podría escribir un libro entero sobre cosas que diluyen nuestro gozo, pero te aliento a que consideres las cosas que he dicho, y después ores para que Dios te muestre cualquier otra cosa en tu propia vida que pudiera estar diluyendo tu gozo. Niégate a vivir sin gozo. Jesús murió para que pudiéramos tener vida y disfrutar de la vida en abundancia y al máximo (Juan 10:10). Dios está contento; Él no está triste ni enojado, y quiere que nosotros vivamos de la misma manera. Él nos ha ofrecido vida eterna, y eso significa vida tal como Dios la vive. "Alégrense siempre en el Señor. Insisto: ¡Alégrense!" (Filipenses 4:4).

CAPÍTULO 11

Ser la persona que Dios quiso que fueras

Ser tú mismo en un mundo que constantemente intenta hacer que te conviertas en otra persona es el mayor de los logros.

Ralph Waldo Emerson

Ser la persona que Dios quiso que fueras es necesario para que te sientas realizado. Dios no te ayudará a ser otra persona. Él nos creó a cada uno de nosotros detalladamente con sus propias manos mientras estábamos en el vientre de nuestra madre, y Él no comete errores. Te insto a que te ames y te aceptes a ti mismo y nunca luches por intentar ser algo o alguien que no eres.

Me gusta lo que dijo Oscar Wilde: "Sé tú mismo, porque todos los demás puestos ya están ocupados". Si intentamos ser otra persona, estamos condenados a sentirnos frustrados, porque estamos intentando lo imposible. Aunque otros puedan ser un ejemplo para nosotros, nunca han de ser nuestra norma.

Autoaceptación

¿Te gustas a ti mismo? No es el caso de la mayoría de personas. Algunos saben que no se gustan a sí mismos, mientras que otros ni siquiera tienen ni idea de que el rechazo a uno mismo es la raíz de muchos de sus problemas. Por ejemplo, si no nos llevamos bien con nosotros mismos, tampoco seremos capaces de llevarnos bien con otras personas. Yo tuve grandes dificultades en mis primeros cuarenta y cinco años de vida para mantener relaciones pacíficas y saludables con las personas. Fui una adolescente solitaria y joven solitaria, y nunca llegué a sentir realmente que encajaba en ninguna parte. Mi primer matrimonio fracasó porque me casé con alguien que tenía más problemas que yo, y lo único que hacíamos era causarnos problemas el uno al otro. Él no sabía cómo amarme y yo no sabía cómo amarle a él. Él fue infiel en numerosas ocasiones y finalmente la relación terminó.

Afortunadamente, Dios envió a Dave a mi vida cuando yo tenía veintitrés años, pero tenía mucho equipaje que aún no había desempacado, y Dave obtuvo más de lo que había esperado. Pero permitió que Dios obrase por medio de él para ser un buen ejemplo para mí de la vida que yo podría tener, una vida de autoaceptación, paz y gozo en Cristo. Pasa algún tiempo contigo mismo y haz inventario de cómo te sientes contigo mismo. ¿Qué tipo de imagen de ti mismo llevas en ti? La imagen que tenemos de nosotros mismos es como las fotografías que llevamos en nuestra cartera. Cuando te miras a ti mismo, ¿ves a alguien que no tiene ningún valor, ningún talento o capacidad en particular, nada que ofrecer al mundo, alguien que no es amado, no es querido y que es innecesario? ¿Sientes que has cometido demasiados errores y que es demasiado tarde para ti? ¿O te ves a ti mismo recreado en Cristo Jesús, una nueva creación con una nueva naturaleza, el hogar de Dios, amado, creado a la imagen de Dios, perdonado y en el borde de un futuro emocionante y satisfactorio? ¡Tú puedes escoger lo que crees! Dios pone delante de cada uno de nosotros vida y muerte, bien y mal, y nos da la responsabilidad de escoger lo que queramos seguir.

Al haberme criado en un hogar lleno de abuso y enojo, carecía de autoestima y confianza. Me sentía imperfecta y no me amaba a mí misma, de modo que era incapaz de amar adecuadamente a nadie. La Palabra de Dios nos dice que no sólo deseemos relaciones pacíficas con Dios, con nosotros mismos y con los demás, sino que también las persigamos y las busquemos (1 Pedro 3:11). La palabra "perseguir" significa buscar apasionadamente y a propósito. ¿Eres apasionado o pasivo?

Busca a Dios y su voluntad para ti, y persigue la paz con Él, contigo mismo y con otras personas. Busca el conocimiento de quién eres en Él y tus privilegios como hijo de Dios. Será una búsqueda que durará toda la vida, porque siempre estamos aprendiendo y entendiendo con más profundidad y claridad los misterios de Dios. Para mí, el viaje se ha convertido en la parte más emocionante de mi relación con Dios. Me encanta lograr mis metas, pero también soy consciente siempre de que mientras viva, siempre habrá nuevas metas delante de mí.

Recibir y dar

Cuando busqué seriamente el consejo de Dios sobre por qué tenía tantas dificultades en las relaciones, Él me enseñó que yo no podía dar lo que no tenía. No había recibido el amor incondicional de Dios, de modo que no podía darlo a otros. Yo no había recibido el perdón completo de Dios, de modo que no podía darlo a las personas en mi vida que lo necesitaban.

Yo veía a Dios como alguien que está enojado por algo la mayoría del tiempo, y también yo estaba enojada por algo la mayoría del tiempo. Estaba enojada conmigo misma por mis imperfecciones y también enojada con otras personas por las de ellos. Aún no había aprendido que nuestra perspectiva de Dios afecta a nuestras relaciones con Él y también a todas nuestras otras relaciones. No tenemos que esperar hasta ser perfectos para recibir el amor de Dios, y tampoco debemos demandar perfección de parte de otros. Si lo hacemos, eso pondrá sobre ellos una carga que no pueden soportar, y destruirá nuestra relación con ellos.

Lo que ustedes recibieron gratis, denlo gratuitamente.

Mateo 10:8

¿Por qué nos resulta tan difícil recibir? Yo creo que se debe a que tenemos una mentalidad de *"trabajar y ganar"*. Recibir algo de parte de Dios, o de cualquier otra persona, que no sentimos que nos hemos ganado o merecido es algo que debemos aprender a hacer con misericordia y acción de gracias. La salvación es un regalo; no se puede ganar ni merecer. Llega mediante la increíble gracia de Dios y se recibe por medio de la fe (sencilla confianza en Dios).

Porque por gracia ustedes han sido salvados mediante la fe; esto no procede de ustedes, sino que es el regalo de Dios.

Efesios 2:8

Al igual que no podemos ganarnos la salvación, tampoco podemos ganar ninguna de las bendiciones de Dios. Si amamos a Dios, nos esforzaremos por hacer lo correcto, no para obtener algo sino debido a lo que nos ha sido dado gratuitamente por su gracia.

Aprende a recibir gratuitamente todo lo que Dios quiere darte. Él desea mostrarte su amor por ti de maneras tangibles, y te dará a favor, puertas abiertas de oportunidad, satisfará tus necesidades y te bendecirá de maneras sorprendentes. Pero si no puedes recibir lo que Él te da, tú detienes el proceso antes de que sea completado. Dios es un dador, y debemos recibir de Él antes de poder tener ninguna cosa para dar a otros. Me encanta el versículo siguiente, y te pediría que tomes tiempo para pensar realmente en lo que te está diciendo a ti personalmente.

De su plenitud todos hemos recibido gracia sobre gracia.

Juan 1:16

Conté esta historia en mi libro *How to Succeed At Being Yourself* (Cómo ser exitoso siendo usted mismo), pero vale la pena volver a contarla aquí:

Un hombre piadoso me dijo que le habían regalado un automóvil muy caro. El hombre había sido fiel en el ministerio por muchos años; había trabajado duro y había hecho muchos sacrificios. Un grupo de hombres de negocios que le conocían y le apreciaban quisieron bendecirle con cierto automóvil que sabían que él admiraba, pero que nunca podría poseer sin una intervención sobrenatural.

El hombre nos dijo que estaba pensando en venderlo. Le preguntamos si eso ofendería o haría daño a los hombres que le habían hecho el regalo, y él respondió que ellos le habían dicho que podía hacer con él lo que quisiera. Recuerdo preguntarle por qué querría venderlo, ya que era algo que él había querido siempre y Dios obviamente había provisto. Recuerdo las palabras exactas que me dijo. Él dijo: "Sé que no debería sentirme como me siento, pero para decir toda la verdad, no me siento digno de conducir un auto tan caro".

Él tenía razón al decir que no era digno porque ninguno de nosotros lo somos, y eso es lo que hace que la bondad de Dios sea tan increíble. Afortunadamente, no obtenemos de Dios lo que nos merecemos sino

lo que Él decide darnos, y deberíamos aprender a
recibir y a quedar sorprendidos y muy agradecidos.

Aunque no podemos ganar o merecer el bien
que Dios hace por nosotros, Él sí bendice los actos
correctos, pero solamente cuando se hacen con los
motivos correctos. Si hacemos cosas buenas a fin
de obtener algo (para ganar o merecer), entonces
nuestro motivo es equivocado; pero si las hacemos
porque sencillamente así somos, entonces es agradable y aceptable a Dios. Haz todas las buenas obras
que puedas hacer, pero recuerda siempre que nuestro
motivo para lo que hacemos es lo más importante
para Dios. No hagas cosas para ser visto y admi-
rado por los hombres, o para sentirte bien contigo
mismo, sino simplemente porque como hijo de Dios
eres un distribuidor de bien para todos aquellos con
los que estás en contacto. Debemos recordar que ni
siquiera sabríamos lo que es "el bien" si Dios no nos
lo hubiera revelado. Todo lo bueno viene de Dios; no
hay ninguna otra fuente (Santiago 1:17).

¿Qué hay en tu futuro?

A todos nos gustaría saber qué hay en el futuro para nosotros, pero puede que no entendamos que el modo en que resulte ser nuestro futuro depende parcialmente de nosotros.
Dios tiene un plan para cada uno de nosotros, para darnos
un buen futuro, pero debemos aprender a cooperar con su
plan en lugar de hacer cosas que lo frustren. Dios quiere que
vivamos la buena vida que Él ha ordenado de antemano y
que ha preparado para que la vivamos (Efesios 2:10). Necesitamos decir junto con el apóstol Pablo: "sigo adelante esperando alcanzar aquello para lo cual Cristo Jesús me alcanzó
a mí" (Filipenses 3:12).

A fin de seguir adelante, debemos olvidar lo que queda atrás. Tu futuro no tiene espacio en él para tu pasado. Lleva contigo las cosas buenas del pasado que hayas aprendido, pero suelta cualquier cosa que te esté reteniendo o te mantenga estancado en el temor o la inseguridad de cualquier tipo. Soltar no es tan difícil como podrías pensar que es. Comienza por no seguir pensando en las cosas que te enojan o te molestan, o en tus propios fracasos que te defraudaron. No hables más de ellos. Cuanto más repetimos algo, lo más probable será que sigamos haciéndolo. A medida que cambies tu pensamiento y tu conversación, tus sentimientos comenzarán a cambiar. Puedes tener esperanza en lugar de desesperanza. Recuerda: a pesar de cuántos errores hayas cometido en el pasado... ¡DIOS NO ESTÁ ENOJADO CONTIGO!

Comienza hoy creyendo que tu futuro está lleno de cosas buenas, y niégate a rendirte hasta que estés disfrutando de todas ellas. ¡Comienza hoy siendo la persona que Dios quiso que fueras!

Aprende a disfrutar de ti mismo

Nunca podrás ser otra persona sino tú, de modo que bien podrías comenzar a disfrutar de ti mismo. Si tienes tendencia a compararte con otras personas y batallar intentando hacer lo que ellos hacen, ¡te insto a que te detengas! Yo fui desdichada durante años al intentar ser otra persona: la esposa de mi pastor, mi vecina, mi esposo y muchos otros. No me gustaba ni disfrutaba de quién era yo, y por eso buscaba a otros

> *Intenté orar como una mujer a la que conocía, y seguir el programa de estudio bíblico de otra, ser dulce y agradable como otra, e incluso intenté cultivar un huerto como una mujer que conocía. Cuando estuve agotada emocionalmente por intentar ser otras personas, ¡finalmente aprendí que Dios sólo me ayudaría a ser yo misma!*

que me dijeran lo que yo debería ser. No permitas que otras personas tomen tus decisiones, porque solamente tú tendrás que manejar los resultados de ellas. Mi vecina con buena intención me alentó con fuerza a que aprendiera a coser. A ella le encantaba coser y estaba segura de que a mí también me encantaría. Tomé lecciones de costura y compré una máquina de coser, pero aborrecía coser. Verme aprender a coser era satisfactorio para ella, pero era un tormento para mí.

Intenté orar como una mujer a la que conocía, y seguir el programa de estudio bíblico de otra, ser dulce y agradable como otra, e incluso intenté cultivar un huerto como una mujer que conocía. Cuando estuve agotada emocionalmente por intentar ser otras personas, ¡finalmente aprendí que Dios sólo me ayudaría a ser yo misma! Cierto: yo no era como otras personas, no podía hacer todas las cosas que ellas podían hacer, pero podía hacer lo que yo podía hacer, y ya era momento de comenzar a hacerlo.

Nunca te disculpes por ser la persona que eres; eso sería como si un manzano se disculpase por no ser un banano. Si eres un manzano, entonces produce manzanas; si eres un banano, ¡entonces produce bananas! Se necesitan todo tipo de frutas para hacer una macedonia de frutas. Lo que quiero decir es que Dios nos ha creado a todos muy diferentes a propósito. Cada uno de nosotros es único y tiene algo que ofrecer. Cuando cada uno de nosotros llega a ser lo mejor en ser él mismo, entonces el propósito de Dios puede cumplirse.

> *Nunca te disculpes por ser la persona que eres; eso sería como si un manzano se disculpase por no ser un banano. Si eres un manzano, entonces produce manzanas; si eres un banano, ¡entonces produce bananas! Se necesitan todo tipo de frutas para hacer una macedonia de frutas.*

Dios no está molesto con respecto a quiénes somos. Él te creó, y solamente espera que seas tú mismo. Aunque es cierto que todos hacemos cosas que no deberíamos hacer y necesitamos mejorar, también es cierto que no tenemos que intentar cambiar quiénes somos. Cambiar nuestra conducta es algo con lo que Dios nos ayudará, pero como he dicho, Él no nos ayudará a ser otra persona.

Corre tu carrera

¿No saben que en una carrera todos los corredores compiten, pero sólo uno obtiene el premio? Corran, pues, de tal modo que lo obtengan.

1 Corintios 9:24

Se nos alienta a cada uno a correr nuestra carrera, no la de otra persona. Sin embargo, si intentamos correr la carrera de otro, estamos destinados a perder. Si admiramos cualidades en otra persona, podemos pedir a Dios que nos ayude a desarrollar esas cualidades, pero incluso entonces surgirán de nosotros de una manera distinta a la que lo hacen en la persona a la que admiramos. Yo conozco a cientos de maestros bíblicos y predicadores de la Palabra de Dios, pero cada uno de nosotros comunica la Palabra de manera diferente. Algunos hacen hincapié en una cosa, y otros en otra. Todos ellos son buenos, pero a la vez todos son únicos. Con un artista o un cantante es igual. Diseñadores y decoradores son todos ellos creativos, pero crean cosas diferentes, y si son sabios pueden apreciar y celebrar el talento en los demás sin intentar copiarlo.

Yo podría haber apreciado los talentos creativos de mi vecina expresados en la costura, la jardinería y muchas otras cosas sin intentar copiarlas, pero no sabía eso en aquel momento. Mientras pensemos que no tenemos valor alguno y que hay algo equivocado en nosotros, batallaremos para ser alguien que no somos, y nunca tendremos el gozo de la autoaceptación. ¿Te estás comparando con otros e intentando ser como ellos son? Si es así, este es el día para apreciar quiénes son ellos y lo que pueden hacer, pero sin competir con ellos de ninguna manera. ¡Es momento de que tú seas tú mismo!

> ...corramos con perseverancia la carrera que tenemos por delante.
>
> Hebreos 12:1

Llegar a alcanzar la plenitud de la persona que Dios quiere que seas tomará tiempo. Debes correr tu carrera con paciencia y perseverancia, pero puedes disfrutar de cada etapa del viaje. Puedes disfrutar de ti mismo durante cada fase de crecimiento y mejora. Mientras estés persiguiendo la perfecta voluntad de Dios para ti, Él está satisfecho. A Dios no le molesta si no hemos llegado, pero sí quiere que sigamos adelante.

El Espíritu Santo es nuestro entrenador en la vida. Mientras corramos nuestra carrera y no la de otra persona, Él siempre estará corriendo con nosotros, dándonos fortaleza y capacidad para cada paso que demos.

Relájate y disfruta. Aprende a darte permiso a ti mismo para ser un ser humano con imperfecciones. Si todos aprendemos a reírnos un poco más de nosotros mismos, nunca nos quedaremos sin entretenimiento.

Deja de intentar impresionarte a ti mismo

Creo que gran parte de nuestro sufrimiento por nuestras imperfecciones y debilidades simplemente proviene de intentar impresionarnos a nosotros mismos con nuestra propia perfección.

Queremos desesperadamente sentirnos bien con nosotros mismos, pero no entendemos que podemos sentirnos bien con nosotros mismos incluso cuando cometemos errores,

especialmente cuando los lamentamos y queremos mejorar.
¡Dios ve tu corazón! Él está más interesado en ti que en tus
obras. Si tienes hijos, sa-
brás que no te enojaste con
ellos si se cayeron mien-
tras intentaban aprender a
caminar, o si derramaron
comida sobre sí mismos al
intentar aprender a comer
solos. No sólo no te eno-
jaste con ellos, sino que los

> *Creo que gran parte de nuestro sufrimiento por nuestras imperfecciones y debilidades simplemente proviene de intentar impresionarnos a nosotros mismos con nuestra propia perfección.*

consolaste, los animaste al intentarlo de nuevo y limpiaste
toda la suciedad que produjeron. Dios es igual con nosotros,
y si sabemos que no está enojado con nosotros, entonces
tampoco tenemos que enojarnos con nosotros mismos.

Necesito decirte esto, y espero que la noticia no te an-
gustie demasiado, pero siempre cometerás errores mientras
estés en un cuerpo humano aquí en la tierra. Llegará el día
en que Jesús regresará a buscarnos y entonces seremos per-
feccionados, pero hasta entonces, da gracias a Dios por haber
enviado a Jesús para situarse en medio de nuestra debilidad
y darnos su fortaleza.

Debido a que nuestra autoimagen es tan importante,
quiero concluir este capítulo con una docena de verdades
para que pienses en ellas y comiences a declararlas sobre
tu vida. A medida que lo hagas, te ayudarán a remodelar la
imagen que tienes de ti mismo, y podrás comenzar a verte
como Dios te ve.

1. Sé que Dios me creó, y Él me ama incondicionalmente.
2. Tengo fallos y debilidades, y quiero cambiar. Creo
   que Dios está obrando en mi vida. Él me cambia diariamente. Mientras Él está trabajando en mí, puedo
   seguir disfrutando de mi vida y de mí mismo.

3. Todos tenemos fallos, y por eso no soy un fracasado sólo porque no sea perfecto.

4. Voy a trabajar con Dios para vencer mis debilidades, pero entiendo que siempre tendré algo que tratar; por tanto, no me desalentaré cuando Dios me dé convicción en áreas de mi vida que necesitan mejorar.

5. Quiero hacer felices a las personas y caerles bien, pero mi sentimiento de valía no depende de lo que otros piensen de mí. Jesús ya ha afirmado mi valor por su disposición a morir por mí.

6. No seré controlado por lo que piensen otras personas, digan o hagan. Incluso si me rechazan por completo, sobreviviré. Dios ha prometido nunca rechazarme ni condenarme mientras crea en Él.

7. A pesar de cuántas veces caiga, no abandonaré, porque Dios está conmigo para fortalecerme y sostenerme. Él ha prometido no dejarme ni abandonarme nunca (Hebreos 13:5).

8. Me gusto a mí mismo. No me gusta todo lo que hago, y quiero cambiar; pero me niego a rechazarme a mí mismo.

9. Tengo paz con Dios por medio de Jesucristo.

10. Dios tiene un buen plan para mi vida. Voy a cumplir mi destino y hacer todo lo que pueda hacer para su gloria. Tengo dones y talentos dados por Dios, y tengo intención de usarlos para ayudar a los demás.

11. No soy nada; ¡y sin embargo lo soy todo! En mí mismo no soy nada, y sin embargo en Jesús soy todo lo que necesito ser.

12. Puedo hacer todo lo que Dios me llame a hacer por medio de su Hijo Jesucristo (véase Filipenses 4:13).

CAPÍTULO 12

Desarrollar tu potencial

Cada persona tiene en su interior una buena noticia. La buena noticia es que en realidad no sabes lo grande que puedes ser, lo mucho que puedes amar, lo que puedes lograr y cuál es tu potencial.

Ana Frank

Ana Frank era una joven judía que experimentó la invasión de Holanda por parte de Hitler. Los judíos eran su objetivo de destrucción, y Ana y su familia encontraron un refugio en el que ocultarse y donde vivieron durante dos años antes de ser arrestados. Ana fue asesinada, pero había escrito un diario mientras estaba oculta que ha inspirado a millones de personas. Mientras Ana era diariamente amenazada con la captura y la muerte, estaba pensando en su potencial. Sin duda, nosotros no tenemos excusa alguna para no pensar en el nuestro y desarrollarlo.

Recuerdo hablar con un joven en nuestra plantilla de personal que tenía un gran potencial pero que había rechazado dos ascensos que le habíamos ofrecido. Yo sabía que él tenía potencial, pero estaba inseguro y no avanzaba por temor al fracaso y por falta de confianza. ¡Estaba atrapado en sus inseguridades! Desempeñaba su trabajo con excelencia, y recibía mucho aliento por parte de las personas que le rodeaban. Él sentía que sencillamente era más fácil y más cómodo para él quedarse donde estaba más que pensar en hacer un cambio. Prefería sentirse seguro con lo que le

resultaba familiar en lugar de cambiar, dar un paso adelante
y arriesgarse al fracaso. Nadie puede desarrollar su potencial sin cometer algunos errores a lo largo del camino, pero
si sabemos que somos amados, ese pensamiento no debería
asustarnos. Aunque puede que cometamos errores, también
tendremos muchos éxitos, y en eso deberíamos enfocarnos.

Hablé con ese joven y le alenté. Él dijo que sabía que yo
tenía razón, y que quería comenzar a avanzar. Había estado
pidiendo a Dios que le permitiera hacer algo nuevo y diferente, y sin embargo, cada vez que se presentaba la oportunidad, él la rechazaba. La inseguridad, las dudas y el temor
en nosotros mismos pueden evitar por completo que alcancemos nuestro potencial.

Una de las grandes tragedias en la vida es no desarrollar
tu potencial. Cuando no lo haces, estás robando a ti mismo
y al mundo tu contribución. Podrías decir: "Joyce, he intentado algunas cosas y he fracasado, y ahora tengo miedo".
Puedes liberarte a ti mismo al entender que tu potencial no
está en tu pasado. Cada vez que lo intentamos y fallamos,
aprendemos algo que puede beneficiarnos en el futuro si no
desmayamos. El desarrollo de nuestro potencial requiere paciencia y negarnos a abandonar.

> *Cada vez que lo intentamos
> y fallamos, aprendemos algo
> que puede beneficiarnos en
> el futuro si no desmayamos.*

La historia en torno al
inventor de la gelatina Jell-
O es verdaderamente iró-
nica. En 1897, Pearl Wait
tenía varios trabajos. Era
obrero de la construcción
que jugueteaba con patentes de medicinas y vendía sus reme-
dios para los achaques de puerta a puerta. En medio de todas
esas cosas, se le ocurrió la idea de mezclar sabor a fruta con
gelatina granulada. Su esposa lo llamó Jell-O y Wait tuvo un
producto más que vender. Desgraciadamente, las ventas no
fueron tan fuertes como él esperaba, de modo que en 1899,

Pearl Wait vendió sus derechos de Jell-O a Orator Woodward por 450 dólares. Woodward conocía el valor del mercadeo, de modo que en sólo ocho años, el vecino de Wait convirtió una inversión de 450 dólares en un negocio de un millón de dólares. En la actualidad, ni un solo pariente de Pearl Wait recibe regalías de las 1.1 millones de cajas de Jell-O que se venden cada día. ¿Por qué? Porque Wait sencillamente no pudo esperar.

Sólo Dios sabe cuántas increíbles oportunidades nunca dieron fruto debido a la impaciencia. Una cosa es tener un sueño, pero los sueños llegan a hacerse realidad con mucho esfuerzo doloroso, sacrificio y paciencia. Lo que se interpone entre el potencial y el éxito es el tiempo. Pearl Wait tenía un producto con potencial, pero nunca tuvo éxito porque no fue paciente. En nuestra sociedad actual donde hay tantas personas acostumbradas a la gratificación instantánea, vemos cada vez menos desarrollo del potencial y la creatividad.

Si quieres hacer algo increíble con tu vida, ¡tendrás que aprender a trabajar y esperar! Desarrollar nuestro potencial requiere una fe firme, y no sólo deseos. Cuando Dios me dio la oportunidad de desarrollar mi potencial de comunicación enseñando su Palabra, pensé que yo sería un éxito de la noche a la mañana. Eso, desde luego, no sucedió, pero lo que sí sucedió fueron diminutos pasos de progreso a lo largo de muchos años de determinación que finalmente llegaron a convertirse en un ministerio internacional.

Yo tenía grandes sueños, y creo que eso es bueno. Lo que yo no tenía era un entendimiento del mucho tiempo que tomaría desarrollar mis sueños por completo. No hagas planes pequeños. Es mi oración que tengas un sueño de algo mayor que lo que tienes ahora, pero también oro para que puedas disfrutar de cada paso de tu viaje y que llegues a entender que el éxito requiere una inversión de tiempo y mucho trabajo duro. Muchas personas nunca cumplen su destino porque no están dispuestas a pagar el precio desde un principio. Se conforman con algo menos que lo mejor que Dios tiene en su plan para ellos porque no quieren hacer cosas difíciles o correr riesgos. Yo digo frecuentemente que en nuestra sociedad somos adictos a la comodidad y la facilidad, y yo creo eso, pero cualquiera puede decidir nadar contracorriente en la cultura en la cual vivimos si realmente quiere hacerlo.

Hay demasiadas personas que adoptan el método del "arreglo rápido" para todo. Quieren gratificación instantánea y lo que les hace sentirse bien en el momento. No están dispuestas a invertir para el futuro. Lamentarán su decisión finalmente, porque el futuro llegará y no tendrá en él lo que a ellas les habría gustado.

Millones de personas diariamente echan la vista atrás en su vida y dicen: "Desearía haber hecho, o desearía no haber hecho", y lo único que tienen es lamentos. Yo me niego a terminar de ese modo, y espero que tú también.

No tengas temor a intentarlo

Dios es increíblemente creativo, y su Espíritu habita en nosotros. Somos creados a su imagen, de modo que eso significa que también nosotros somos creativos. Piensa en lo creativo que tuvo que ser Adán a fin de poner nombre a todos los animales en el huerto de Edén, e incluso después de haber hecho eso, estoy segura de que apenas había arañado la capacidad que Dios le había dado.

¿Vives una vida de aburrida igualdad porque tienes temor a intentar algo nuevo? ¿Supones que fracasarías sin ni siquiera intentarlo? Una gran creatividad permanece en el interior de cada uno de nosotros, y necesitamos aprender a sacarla y expresarla sin temor. Con frecuencia, en lugar de ejercitar creatividad seguimos repitiendo las mismas cosas incluso cuando estamos aburridos de ellas, simplemente porque tenemos temor a dar un paso y hacer algo diferente. Incluso si nos sentimos más seguros y más cómodos con cosas con las que estamos familiarizados, aun así necesitamos variedad en nuestra vida.

Dios debe de estar a favor de la variedad, o no habría creado tan gran cantidad de ella. Como escuchamos con frecuencia: "La variedad es la sal de la vida". A veces, incluso una ligera desviación de lo igual es refrescante.

Algunas personas mantienen el mismo trabajo o viven en la misma zona toda su vida porque sienten que esos ambientes y actividades son seguros. Incluso si aborrecen su trabajo y no se sienten realizados, al menos saben cómo hacer su trabajo y están cómodos con eso; ¡la idea de conseguir un trabajo diferente les aterroriza! Piensan en todas las cosas negativas que podrían suceder. "¿Y si dejo mi empleo y termino sin que me vaya bien en el siguiente?". "Tengo amigos donde trabajo y soy aceptado allí. ¿Y si a las personas en el nuevo trabajo no les caigo bien?". "No sería veterano en un lugar nuevo, de modo que si hubiera despidos yo sería el primero en irme". Piensan ese tipo de cosas hasta que se convencen para no realizar un cambio.

Los individuos más valientes que están decididos a cumplir su potencial piensan de modo diferente. Podrían pensar cosas como las siguientes: "Será estupendo hacer algo nuevo". "Necesito y quiero un nuevo desafío". "Me emociona hacer nuevas amistades". "Creo que haré una contribución a la nueva empresa y pronto seré ascendido". Podemos convencernos a nosotros mismos para hacer o no hacer una cosa, dependiendo de nuestro nivel de confianza. Afortunadamente, he descubierto que no tengo que *sentir* confianza a fin de estar confiada. La verdadera confianza se encuentra en Cristo y no en nosotros mismos. Sé que yo no puedo hacer nada sin Él, pero he aprendido a creer que puedo hacer cualquier cosa a la que Él me guíe por medio de Él.

No estoy alentando a las personas a perseguir cada capricho que se cruce por su mente o a agarrarse a cada moda que salga a su camino. No hay nada de malo en tener el mismo trabajo toda la vida si te sientes satisfecho al hacerlo y crees verdaderamente que estás alcanzando tu potencial. Si no es así, entonces te insto a comenzar a orar y pedir a Dios que abra nuevas puertas de oportunidad para ti, y cuando lo haga, entonces sal de tu zona de comodidad y entra en cosas nuevas.

No eres un fracaso hasta que dejas de intentarlo

Fracasar en algo no hace a la persona ser un fracaso. Yo tuve que aprender eso antes de ser capaz de dejar atrás los errores del pasado y desarrollar el potencial que había en mi interior. La mayoría de personas que han hecho cosas grandes o han inventado cosas increíbles han fracasado muchas veces antes de tener éxito. Abraham Lincoln dijo: "Mi mayor preocupación no es si has fracasado, sino si estás contento con tu fracaso".

¿Por qué tenemos tanto temor a no tener éxito en algo que ni siquiera intentamos? Yo creo que se debe a los temores que tenemos con respecto a nosotros mismos. En lo profundo de su interior, muchas personas están desesperadamente temerosas a tener imperfecciones, y no quieren hacer nada que pudiera causar que esas imperfecciones salgan a la superficie. También creo que nos importa demasiado lo que otras personas piensen. Nunca somos libres hasta que no tenemos necesidad alguna de impresionar a otras personas. También creo que tener temor a que Dios no se agrade de nosotros si fracasamos evita que muchas personas lo intenten.

> *Nunca somos libres hasta que no tenemos necesidad alguna de impresionar a otras personas.*

Creo personalmente que Dios admira la valentía y el coraje.

Debemos recordar que Él es quien nos dijo en su Palabra que no tengamos temor a nada. A veces, tenemos más probabilidad de dar el paso y probar algo si no sabemos que no podemos hacerlo. Cuando Dios me llamó a enseñar su Palabra, puedo decir verdaderamente que yo no estaba calificada y no tenía conocimiento alguno sobre cómo hacerlo, pero no se me ocurrió que no pudiera hacerlo.

> *Muchas personas te dirán que no puedes hacer una cosa si es algo que está fuera de lo común, pero si no es ordinario entonces puede ser extraordinario.*

No sabía que no podía hacerlo, y por eso lo hice. Unos dos años después de comenzar a enseñar mi primer estudio bíblico, el cual fue muy exitoso, un grupo de personas con más educación formal me dijeron: "No puedes hacer esto, eres una mujer, no tienes educación formal ni tampoco has tenido entrenamiento". Era demasiado tarde para que yo les creyera, porque ya estaba siendo exitosa en lo que ellos decían que no podía hacer. Muchas personas te dirán que no puedes hacer una cosa si es algo que está fuera de lo común, pero si no es ordinario entonces puede ser extraordinario.

Tú tienes lo necesario

El diccionario americano Noah Webster´s 1828 del inglés antiguo define potencial en parte como "existente en posibilidad, no en acto", debido al hecho de que tener una capacidad no significa que haremos lo que hay que hacer a fin de desarrollarla. En otras palabras, donde hay potencial, también están todas las partes necesarias para el éxito, pero aún no han sido puestas en práctica. Todavía necesitan algo que las impulse, algo que las capacite y las motive. Con frecuencia están en forma de embrión; necesitan ser desarrolladas. La persona que tiene el potencial debe tomar la decisión de emprender la acción y no abandonar hasta que haya tenido éxito. Debe decidir de antemano que aunque fracase veinte veces, volverá a intentarlo. No debe estar dispuesto en absoluto a limitarse a existir sin desarrollar su potencial.

Es bueno estar contento. Es una cualidad piadosa, pero no queremos estar tan satisfechos que nunca queramos ver un cambio. El mejor plan es ser feliz donde estés, mientras estás de camino hacia donde te diriges. Incluso en nuestra relación con Dios, siempre deberíamos tener hambre de conocer su Palabra más profundamente y de conocerle a Él más íntimamente. No estés satisfecho con un matrimonio mediocre, sino haz el esfuerzo para hacer que sea lo mejor que pueda ser. Ser mediocre es estar a medio camino entre el éxito y el fracaso, y no es el lugar que Dios ha ordenado para su pueblo.

Creo que hay tanta mediocridad en el mundo actualmente que podemos fácilmente hundirnos en ella sin ni siquiera darnos cuenta de que lo hemos hecho. Te pido que examines tu vida y tu corazón y veas si sabes en lo profundo de tu ser que te estás perdiendo tu mejor vida. Si es así, entonces es momento de tomar algunas decisiones. También tendrás que añadir esfuerzo y paciencia. Hay una mina de oro oculta en cada vida, pero tenemos que trabajar para descubrirla. Debemos estar dispuestos a dejar atrás viejas mentalidades que nos retienen. Necesitamos dejar atrás el modo en que nos sentimos o lo que es conveniente. Si cavamos hasta la suficiente profundidad, descubriremos que Dios está esperando para darnos la fortaleza que nunca supimos que teníamos. Lo único que Él quiere ver es alguna persistencia y determinación, y Él colaborará contigo para ayudarte a ser lo mejor que puedas ser.

Puede que veas el desarrollo del potencial como algo sólo para quienes tienen algún talento especial, y puede que no te veas a ti mismo como una de esas personas. Aunque es cierto que las personas están dotadas y tienen talentos de diferentes maneras, la Palabra de Dios nos asegura que todos somos partícipes de los dones que Dios da. Puede que tú no seas pintor, cantante, diseñador, conferencista o escritor, pero eres alguien. Y cualquier cosa que seas es importante para Dios y para el resto de nosotros. La Biblia nos enseña que aunque nuestros dones varían como las diversas partes de nuestro cuerpo natural, todos somos mutuamente dependientes los unos de los otros (Romanos 12:4-5). La parte de cada persona es una gran contribución si la aporta. Una madre, su padre, un maestro, un asistente, un administrador, un organizador, un alentador o cualquier otra cosa son vitalmente necesarios. No tienes que ser otra persona, ¡sino que necesitas ser "plenamente" tú!

No permitas que la inseguridad te retenga

"Soy inseguro" puede convertirse en una excusa para no hacer nada si no tenemos cuidado. La única manera de conquistar cualquier cosa es confrontarla. La mejor medicina para la inseguridad es dar un paso y probar. Quizá cuando digo eso, el temor golpea tu corazón. Si es así, es una clara indicación de que eres precisamente la persona a quien Dios está hablando por medio de mí en este momento. No permitas que el temor te robe tu destino. Satanás utiliza el temor para evitar que alcancemos nuestro potencial. Yo tomo la actitud de que cada vez que él intente asustarme para evitar que haga algo, entonces eso probablemente sea exactamente lo que tengo que hacer.

Quizá te hayan dicho en el pasado que no puedes hacer cosas, y has dejado de intentarlo; pero yo te digo que puedes hacerlo. Cualquier cosa que Dios nos dirija a hacer es algo que podemos hacer con su ayuda. ¡Todo es posible para Dios! Yo desprecio el temor, la falta de confianza y la inseguridad debido a lo que roban a las personas. El mundo está lleno de personas que viven vidas que no les satisfacen debido a esos patrones de pensamiento y sentimientos negativos que tienen con respecto a sí mismas. Puede que provengan de padres que no hicieron una buena tarea al criarlos, o de un maestro que no era amable, o de compañeros que se burlaban de ellas, pero a pesar de donde provengan es momento de que avancen.

No sucederá de la noche a la mañana y tampoco porque leas este libro, pero este puede ser un comienzo. Nunca tenemos un final sin un comienzo, así que comencemos. Una de las cosas que las personas que experimentan estos tipos de problemas necesitan hacer es cambiar su modo de pensar y hablar sobre sí mismos. No digas: "Tengo miedo"; "Soy inseguro", o "No tengo confianza". Incluso si te sientes de ese modo, ¡deja de decirlo! Solamente eso te ayudará a sobreponerte a tus sentimientos. Si una mentalidad nos mete en un problema, entonces mantener esa misma mentalidad no nos hará salir de él. Tenemos que cambiar nuestra mente antes de tener cualquier otro cambio en la vida. Una de las maneras de renovar tu mente es decir en voz alta lo que quieres y no lo que tienes. Sí, ¡eso es bíblico! Dios llama a cosas que aún no tienen existencia como si ya existieran (Romanos 4:17).

Lo siguiente que sugiero es dar pasos en áreas pequeñas al principio, y después, a medida que veas que sobrevives al probar cosas pequeñas, tendrás más valentía para hacer cosas más grandes. Cuando yo comencé a enseñar la Palabra de Dios, no me puse de pie sobre una plataforma con veinte mil personas delante de mí. Comencé con un pequeño estudio bíblico formado por doce mujeres, y después de un tiempo aumentó hasta veinte, después treinta, y finalmente quinientas. Entonces di otros pasos, y cada uno de los pasos que daba me asustaba, pero sabía que tenía que intentarlo. Estoy segura de que habrás oído la frase que dice que "es mejor haberlo intentado y fallado que no haberlo intentado nunca", y estoy de acuerdo con eso. La única manera de descubrir lo que puedes y no puedes hacer es intentar algunas cosas, recordando que Dios te ama incondicionalmente y que no se enojará contigo si pruebas algunas cosas que no funcionan mientras estás de camino hacia descubrir lo que funciona para ti. Nunca olvides que Dios no espera de nosotros que nunca cometamos errores. Él no se enoja con nosotros cuando los cometemos, sino que en cambio está siempre presente para ayudarnos a aprender de esos errores y recuperarnos con entusiasmo para intentarlo de nuevo.

Permíteme aclarar que no estoy sugiriendo que pruebes nada a menos que creas que Dios te está dirigiendo a hacerlo. Él es el autor y consumador de nuestra fe, pero no está obligado a ayudarnos a terminar nada de lo que Él no haya sido el autor. Si has hecho todo lo que puedes para decidir si estás o no siendo guiado por Dios y aún no lo sabes con seguridad, entonces da un pequeño paso hacia adelante y comprueba si Dios lo bendice. Si Él lo hace, entonces da otro paso y después otro. Si Él no lo bendice, al menos habrás avanzado y habrás hecho un esfuerzo por descubrirlo.

¡Declara la guerra al temor! ¡Vive con valentía y coraje! ¡Decide desde este día en adelante alcanzar tu potencial!

CAPÍTULO 13

La misericordia es mayor que el enojo

La misericordia de Dios es tan grande que antes podrías dejar al mar sin sus aguas, o privar al sol de su luz, o hacer que el espacio sea demasiado estrecho, que disminuir la gran misericordia de Dios.

C. H. Spurgeon

Juan Crisóstomo, arzobispo de Constantinopla desde los años 347 al 407, dijo: "La misericordia imita a Dios y defrauda a Satanás". Cuando recibimos misericordia de parte de Dios o damos misericordia a otros, eso siempre defrauda a Satanás, porque su meta es mantenernos creyendo que Dios está enojado con nosotros y que nos enojemos con otras personas.

¡Dios es misericordioso! Su misericordia es grande y es nueva cada día. Su misericordia es mayor que su enojo. Puede que recuerdes que en la introducción a este libro dije que Dios puede enojarse y se enoja, pero Él no es un Dios enojado. Su ira es contra el pecado, pero ofrece misericordia a los pecadores.

> *¡Vuelve, apóstata Israel! No te miraré con ira— afirma el Señor—. No te guardaré rencor para siempre, porque soy misericordioso.*
>
> Jeremías 3:12

Nuestras mentes finitas no pueden entender la misericordia de Dios, y sólo puede ser recibida por el corazón. En los capítulos siguientes tengo intención de citar más pasajes de la Escritura que en capítulos anteriores, y te aliento encarecidamente a no pasarlos por alto. En cambio, lee cada escritura lentamente dos veces. En nuestro modo de pensar queremos que todo sea justo, pero la misericordia no es justa; va más allá de ninguna cosa que podamos entender. Por tanto, te pido que leas las escrituras lentamente, las digieras y permitas que entren en tu espíritu (corazón). Dios nos dará la fe para creer en la misericordia aunque puede que no la entendamos. No hay manera de explicar por qué un Dios justo y sin pecado decidiría no castigar a quienes lo merecen, sino en cambio darles gracia, favor, bendición, perdón y amor, todo lo cual surge de su misericordia. ¡Pero podemos estar agradecidos de que lo hiciera!

> *Porque un momento será su ira, pero su favor dura toda la vida.*
>
> Salmos 30:5 (RVR-1960)

Quiero repetir que Dios sí se enoja ante el pecado, la injusticia y nuestra necedad, pero su naturaleza y carácter no son los de un Dios enojado. Quizá pueda explicarlo de este modo. Mi padre era un hombre enojado y enseguida castigaba a las personas por cada diminuta infracción de sus reglas. Estar cerca de él hacía que mi madre, mi hermano y yo nos sintiéramos temerosos, nerviosos, tensos, culpables y condenados por algo todo el tiempo. Aunque intentábamos muy duro hacer lo que él quería, era imposible, porque sus reglas eran demasiadas y cambiaban frecuentemente. Vivíamos en una atmósfera en la cual constantemente esperábamos el castigo. Mi esposo, Dave, no es un hombre enojado. Puede enojarse si yo hago algo realmente necio o le hablo irrespetuosamente, pero solamente dura un momento. Dave sabe que mi personalidad es un poco guerrera a veces y que lamento cuando me comporto mal, de modo que él me muestra misericordia y siempre está dispuesto a perdonar la fechoría y regresar a la paz.

Tratar con una persona enojada es muy distinto a tratar con alguien que puede enojarse pero no tiene deseo alguno de permanecer enojada.

"Dios se deleita más en su misericordia que en su ira", dice Daniel Fuller en *The Unity of the Bible* (La unidad de la Biblia). "Por tanto, a fin de mostrar la prioridad de su misericordia, Él debe situarla sobre el telón de fondo de su ira. ¿Cómo podría aparecer plenamente la misericordia de Dios como su gran misericordia a menos que fuese mostrada a personas que estuvieran bajo su ira y, por tanto, sólo pudieran pedir misericordia? Sería imposible para ellos compartir con Dios el deleite que Él tiene en su misericordia a menos que vieran claramente lo horrible de la potente ira de la cual se deriva su misericordia".

No necesitamos misericordia solamente una vez en nuestra vida o en ocasiones, sino que la necesitamos frecuentemente. Gracias a Dios que su misericordia es abundante y está disponible en todo momento.

> *Den gracias al Señor, porque él es bueno; su gran amor perdura para siempre.*
>
> Salmos 136:1

El Salmo 136 contiene veintiséis versículos, y cada uno de ellos termina con la frase "su gran amor perdura para siempre". Tú y yo nunca podremos hacer tanta maldad para que no quede misericordia para nosotros. Donde abunda el pecado, la gracia (misericordia) abunda mucho más (Romanos 5:20). Dios está más dispuesto a perdonar que a castigar.

> *Tú y yo nunca podremos hacer tanta maldad para que no quede misericordia para nosotros.*

La siguiente historia es un maravilloso recordatorio de esto.

Una lluviosa tarde, una madre iba conduciendo por una de las calles principales de la ciudad. De repente, su hijo Mateo habló desde su posición relajada en el asiento trasero. "Mamá, estoy pensando en algo". Ese anuncio normalmente significaba que él había estado pensando en algún hecho durante un rato y ahora estaba listo para exponer todo lo que su mente de siete años había descubierto. Su madre estaba deseosa de escuchar. "¿Qué estás pensando?", le preguntó. "La lluvia es como el pecado y los limpiaparabrisas son como Dios, que quitan nuestro pecado". Ella respondió: "Eso es realmente bueno, Mateo". Pero le entró curiosidad y se preguntaba cómo tomaría Mateo esa revelación, así que le preguntó: "¿Has notado cómo sigue cayendo la lluvia? ¿Qué te dice eso?". Mateo no dudó ni un solo instante en su respuesta: "Nosotros seguimos pecando, y Dios sigue perdonándonos".

El Señor es clemente y compasivo, lento para la ira y grande en amor. El Señor es bueno con todos; él se compadece de toda su creación.

Salmos 145:8-9

¿Qué estás mirando?

Es importante apartar nuestra mente del camino que tenemos a nuestra espalda. Cuando vas conduciendo en tu auto, ¿qué sucedería si pasaras tanto tiempo mirando por el espejo retrovisor como el que pasas mirando a la carretera por delante? ¡Supongo que te chocarías con algo! Hay momentos en que es adecuado mirar atrás en la vida a fin de evaluar lo que hemos aprendido y utilizarlo para obtener la máxima ventaja; hay momentos en que disfrutamos al mirar atrás para recordar. La experiencia es una buena maestra, y mirar atrás es sabio, pero si miramos atrás demasiado, entonces no mantendremos nuestros ojos en la carretera que tenemos por delante.

Igualmente, si nos enfocamos en nuestros errores del pasado, las malas decisiones y opciones, entonces nos estamos quedando en el pasado, lo cual normalmente no es útil en el presente.

Todos cometemos errores, fallamos y pecamos, ¡pero la misericordia de Dios es nueva cada día! Como la misericordia es un regalo, no puede ganarse ni merecerse de ninguna manera; sólo puede recibirse por la fe. A fin de recibir misericordia para las cosas que están atrás (y cualquier momento aparte del que vives actualmente está detrás de ti), debes apartar tu mente de los fracasos del pasado y ponerla en Jesús. Pablo nos enseña en Hebreos que debemos apartar la vista de todo lo que nos distrae y ponerla en Jesús (Hebreos 12:2). Cuando oras, ¿tienes comunión con tu pecado o con Jesús? Podemos pensar tanto en lo que hemos hecho mal que no veamos la increíble misericordia de Dios.

Lo que miremos en nuestro corazón es muy importante. ¿Cuánto tiempo pasas meditando y sintiéndote mal por tus faltas, debilidades, fracasos y pecados? Deberíamos reconocerlos y arrepentirnos (apartarnos de ellos), pero cuando nos apartamos, debemos volvernos hacia otra cosa (Jesús), pues de otro modo volveremos a regresar a ellos. Mantén tus pensamientos en lo que Jesús hizo por ti en la cruz. La misericordia de Dios es mayor que su ira. Dios nunca deja de amarnos durante un solo momento, ni siquiera cuando hacemos cosas mal. Su misericordia se ofrece en un esfuerzo por sanarnos y restaurarnos.

Mirar atrás nos da una oportunidad constante para regresar (Hebreos 11:15). El hombre finalmente sigue donde permite que sus pensamientos vayan. Dios no es sólo misericordioso hacia nuestros pecados, sino que también escoge no volver a recordarlos nunca (Hebreos 8:12). Eso significa claramente que Él quiere que hagamos lo mismo. Hubo una época en mi vida en que si me hubieras pedido una lista de mis pecados recientes, yo podría fácilmente haber recordado muchos de ellos en la lista mental que mantenía. Ahora, si me pidieras lo mismo, podría ser capaz de decirte algo que estuviera muy fresco, pero sin duda no podría darte una lista, porque ya no mantengo ninguna. Cuando peco y el Espíritu Santo me da convicción, le digo a Dios que me arrepiento porque lo hago verdaderamente, recibo su perdón y su misericordia, le pido que me ayude a no repetir el mismo error y mantengo mis ojos en la bondad de Dios y sigo adelante en el negocio de vivir la vida al máximo.

Si Dios hubiera querido que fuésemos desgraciados, ¡no nos habría ofrecido misericordia! Sin duda alguna, deberíamos lamentar nuestros pecados. El apóstol Santiago incluso sugiere que deberíamos llorar por ellos (Santiago 4:9), pero dice en el versículo siguiente que cuando nos humilla en su presencia, Él nos levantará y hará que nuestras vidas sean significativas. Dios no quiere que nos sintamos menospreciados e insignificantes porque pecamos. Él quiere que afrontemos nuestras faltas, recibamos misericordia y sigamos adelante.

> *Si Dios hubiera querido que fuésemos desgraciados, ¡no nos habría ofrecido misericordia!*

> *Dios no quiere que nos sintamos menospreciados e insignificantes porque pecamos. Él quiere que afrontemos nuestras faltas, recibamos misericordia y sigamos adelante.*

Una joven madre recientemente me dijo que pasa la

mayor parte de sus días siendo consciente de sus pecados e intentando asegurarse de que confiesa cada uno de ellos para poder volver a tener comunión con Dios. Ella está enfocada en su pecado; vive bajo la ley y está completamente agotada espiritualmente debido a su mal entendimiento de los caminos de Dios. Nunca deberíamos ser excesivamente introspectivos y estar obsesionados con cada una de nuestras faltas. Confía en que el Espíritu Santo te dé convicción y te convenza de pecado y de justicia. Él nos muestra lo que estamos haciendo mal, y también nos muestra la manera correcta de hacer las cosas. Él no nos deja batallando por intentar con nuestras propias fuerzas cambiar nuestros caminos, sino que nos da la gracia (fortaleza) para hacerlo.

Cuando Jesús ascendió, envió al Espíritu Santo para tener íntima comunión con nosotros, y dijo:

> *Y cuando él venga, convencerá al mundo de su error en cuanto al pecado, a la justicia y al juicio.*
>
> Juan 16:8

Por favor, observa que el Espíritu Santo no sólo nos convence de pecado, sino que pasa a convencernos de justicia. Estamos en paz con Dios por medio de la sangre de Jesús, y siempre debemos recordar eso, especialmente cuando pecamos. No perdemos nuestra comunión con Dios cada vez que cometemos un error. Él nunca nos deja ni nos abandona, sino que está siempre con nosotros. En el momento en que seas convencido de pecado, acude a Jesús, porque solamente su sangre es la que nos salva.

> El pecado no es un problema para Dios porque Él es capaz de perdonarlo, olvidarlo y ofrecer misericordia al pecador. El pecado sólo es un problema para nosotros si continuamos en él después de que se nos haya mostrado que lo horrible de él.

A riesgo de ser acusada de herejía, déjame decir que creo que con frecuencia estamos demasiado preocupados por nuestro pecado. Quizá le damos más importancia de la que le da Dios. Él ya ha provisto una solución para el pecado. El pecado no es un problema para Dios porque Él es capaz de perdonarlo, olvidarlo y ofrecer misericordia al pecador. El pecado sólo es un problema para nosotros si continuamos en él después de que se nos haya mostrado que lo horrible de él. Si nos negamos obstinadamente a alejarnos de él, entonces nos consumirá. La gracia de Dios sale a nuestro encuentro, pero nunca nos deja donde nos encontró. Por tanto, ¡dejemos lo que queda atrás y sigamos adelante!

El apóstol Juan dijo algo que me indica que el pecado puede ser tratado más fácilmente de lo que con frecuencia imaginamos que puede serlo.

> *Mis queridos hijos, les escribo estas cosas para que no pequen. Pero si alguno peca, tenemos ante el Padre a un intercesor, a Jesucristo, el Justo.*
>
> 1 Juan 2:1

¡Qué glorioso versículo de la Escritura! Desde luego, nuestro deseo debería ser no pecar, pero si pecamos, Dios ya se ha ocupado de ello. Podemos mirar a Jesús, quien ha sido y es perfecto en nuestro lugar. Él se conforma perfectamente a la voluntad del Padre en todas las áreas, e intercede por nosotros delante de Dios. Dios nos perdona a causa de Jesús. Cuando acudimos a Dios en el nombre de Jesús, entonces Él ve a Jesús y no nuestro pecado. Él honrará para siempre el sacrificio que Jesús hizo por nosotros en obediencia a Él.

No puedo recordar a ninguno de los héroes de la Biblia, los hombres y las mujeres a los que admiramos del pasado, recordando y hablando de sus pecados del pasado. Pablo mencionó el suyo solamente con el propósito de explicar lo

increíble que es la gracia de Dios. Pedro negó a Cristo tres
veces, y llegó a convertirse en uno de los mayores apóstoles,
y nunca volvió a mencionar su fracaso. Abraham, Moisés
y Elías tuvieron todos ellos faltas. Abraham mintió porque
tenía miedo, Moisés tenía mal temperamento, y Elías tenía
miedo de Jezabel y se deprimió. María llamada Magdalena
había sido prostituta de la que habían expulsado siete de-
monios. Dios trató con ellos con respecto a su pecado, pero
en la Biblia nunca vuelve a mencionarse. Sin duda, en Cristo
somos nuevas criaturas, ¡las cosas viejas pasaron y todas han
sido hechas nuevas!

Elías se utiliza como un ejemplo de un hombre que tenía
una naturaleza como la nuestra (débil), y sin embargo oró
para que no hubiese lluvia y no llovió sobre la tierra durante
seis meses. Entonces volvió a orar, esta vez para pedir lluvia,
y los cielos dieron lluvia (Santiago 5:17-18). Se hizo referencia
a la débil naturaleza humana de Elías solamente para ayudarnos a entender que aunque somos imperfectos, aun así
podemos acercarnos con valentía al trono de Dios y hacer
oraciones eficaces.

Te suplico que recibas la grande y abundante misericordia
de Dios, dejes de mirar atrás y disfrutes de una colaboración eficaz con Dios. Él necesita que seamos fuertes en Él, y
no débiles e ineficaces en nuestros pecados y fracasos. Dios
tiene aún otras cosas que hacer en la tierra, y Él quiere obrar
por medio de su pueblo. No te pierdas el papel que Él desea
que desempeñes por estar tan enfocado en el pasado que
dejes pasar lo que Dios tiene para este momento.

¿Son todos los pecados iguales?

Para Dios es igualmente fácil perdonar un pecado que otro.
Todos nuestros pecados, pasados presentes y futuros, fueron
pagados cuando Jesús murió en la cruz. No hay pecado

tan malo que Dios no pueda perdonar por completo, pero no todos los pecados son iguales con respecto al efecto que tienen en nosotros y en nuestra vida.

Una persona puede perder los nervios y decir o hacer algo que luego lamenta; puede admitir su fracaso, recibir misericordia y seguir adelante rápidamente. Una persona puede cometer adulterio y destruir su familia y aun así ser igualmente perdonada, pero puede que le tome más tiempo recuperarse totalmente debido al daño que ha sido hecho no sólo a esa persona, sino también a su familia y a otros.

Admito sin inconveniente que algunas cosas son más fáciles de perdonar que otras, de modo que cuando digo que deberíamos dejar de mirar a nuestro pecado, entiendo que con frecuencia es necesario tiempo para sanar. Si alguien asesina a otra persona, puede recibir perdón y misericordia de Dios, pero puede que pase toda su vida encarcelado y recuerde diariamente por qué está encerrado en una celda. Sin embargo, aun así puede recuperarse espiritualmente, emocionalmente y mentalmente. Puede tener una relación de intimidad con Dios e incluso ser utilizado por Él mientras está en la cárcel.

> *En comunión con Dios, diariamente apartamos la vista de nosotros mismos, y de nuestros pecados, y miramos a Jesús.*

En comunión con Dios, diariamente apartamos la vista de nosotros mismos, y de nuestros pecados, y miramos a Jesús. Una persona puede pasar toda su vida en la cárcel por un crimen que cometió, y aunque está en una prisión física, puede ser libre espiritualmente, mentalmente y emocionalmente mediante la gracia, el favor, el amor, el perdón y la misericordia de Dios.

Hay cosas que yo hago mal y por las que recibo convicción y recibo misericordia por todas ellas en menos de quince segundos. Pero ocasionalmente hay cosas de las que recibo convicción y recibo misericordia, pero tengo que tratarlas en mi alma durante algunos días. Creo que hay veces en que Dios mantiene la amorosa presión que solamente Él puede aplicar a nuestra alma durante un período de tiempo a fin de hacernos entender la importancia de alguna cosa. Si tu hijo derrama descuidadamente su leche cada noche en la mesa de la cena, podrías finalmente quitarle sus privilegios de juegos durante un día a fin de hacerle entender que necesita tener más cuidado. Pero si continuamente sale corriendo hacia la carretera y el tráfico, podrías quitarle sus privilegios durante un mes, porque el resultado de su error podría ser más devastador para él si no entiende claramente y recuerda lo que tú le has dicho. Eso se hace debido al amor de los padres hacia los hijos, y por ningún otro motivo.

Dios disciplina a quienes ama, y deberíamos agradecerlo y aceptarlo. Aunque podamos seguir sintiendo el castigo de Dios, eso no significa que no hayamos sido completamente perdonados; solamente significa que Dios está realizando una obra más profunda en nosotros a fin de que no volvamos a repetir los mismos errores. Según la Palabra de Dios, estamos destinados a ser moldeados a la imagen de Jesucristo (Romanos 8:29). Si fueses un pedazo de arcilla y un alfarero te estuviera dando una forma distinta a la que anteriormente tenías, puedo asegurarte que no te sentirías bien y serías tentado a resistirte. Cuando Dios está obrando para moldearnos a la imagen de Jesús, normalmente no es agradable; puede doler durante mucho más tiempo del que creemos que podemos soportar, pero Dios sabe exactamente lo que hace, y obrará para bien al final. El hecho de que nos siga doliendo no significa que no hayamos sido perdonados. El dolor no significa que Dios esté enojado con nosotros, o que nos esté castigando; solamente significa que Él está obrando y cambiando las cosas para mejor.

El pedazo de arcilla sin forma, gris y fría puede que se resista a ser remodelada por el alfarero y situada en el horno una y otra vez, pero finalmente será admirada por muchos porque se ha convertido en una fina y hermosa pieza de porcelana, que muchos quieren.

Coopera siempre con la obra que Dios está haciendo en ti. Cuanto más nos resistamos, más tiempo tomará. Nunca permitas que el modo en que te sientes dicte el amor de Dios por ti. Él siempre nos ama, incluso cuando nuestras circunstancias no nos hagan sentirnos bien.

CAPÍTULO 14

La misericordia nunca puede ganarse

La misericordia nunca puede ganarse. Su necesidad misma es evocada por la indignidad, pues de otro modo no habría necesidad de ella. Debido a que hemos pecado necesitamos misericordia, no porque hayamos obedecido.

Bob LaForge

Debido a que nuestra experiencia en la vida nos conduce a creer que debemos ganarnos y merecer cualquier cosa buena que obtengamos, con frecuencia nos resulta difícil sencillamente recibir misericordia. ¡La misericordia es extravagante! ¿Quién hace algo bueno por alguien que es malo? ¡Dios lo hace! En lugar de obtener lo que nos merecemos como pecadores, se nos da la oportunidad de estar para siempre en la presencia de Dios. Se nos da paz con Dios. ¡Él nos considera con una posición correcta en lugar de incorrecta!

> *Afortunadamente, el símbolo del cristianismo es la cruz y no la balanza. Dios no pesa y mide todas nuestras faltas y nos cobra en consecuencia; prefiere simplemente pagar la factura Él mismo.*

John McArthur nos recuerda "que la denuncia más mordaz de Jesús—una ardiente diatriba contra los líderes religiosos de Jerusalén en Mateo 23—termina con Cristo llorando sobre Jerusalén (v. 37). La compasión daba color a todo lo que Él hacía".

Jesús parecía estar bastante enojado en su discurso registrado en Mateo, pero es rápidamente tragado por su compasión y misericordia. Afortunadamente, el símbolo del cristianismo es la cruz y no la balanza. Dios no pesa y mide todas nuestras faltas y nos cobra en consecuencia; prefiere simplemente pagar la factura Él mismo.

> *Pero Dios, que es rico en misericordia, por su gran amor por nosotros, nos dio vida con Cristo, aun cuando estábamos muertos en pecados. ¡Por gracia ustedes han sido salvados!*
>
> Efesios 2:4-5

Ahora recuerda que te pedí que leyeses estos versículos dos veces lentamente, y pienses sinceramente en la belleza de lo que dicen. Dios tuvo que hacer lo que hizo por nosotros a fin de satisfacer su intenso amor. Yo he tenido ocasión en que el amor por uno de mis hijos ha estado en mí con tal intensidad que definitivamente tuve que hacer algo por él. Quizá tú hayas experimentado lo mismo hacia alguien a quien amas. Si podemos sentirnos de ese modo con respecto a seres humanos imperfectos, tan sólo intenta imaginar lo que Dios siente en su perfecto amor por nosotros. No es posible que Él pueda dejarnos atrapados en el pecado sin proporcionar una respuesta. Él no espera a que nos merezcamos algún beneficio, sino que se apresura al rescate sin poder evitarlo.

Se nos enseña que en su amor, Él nos escogió, nos hizo santos, consagrados y sin mancha ante sus ojos, y nos permite vivir delante de Él sin reproche (ningún sentimiento de culpabilidad o vergüenza). Él lo hace solamente por una razón, y se debe a que quiere hacerlo. Es su voluntad hacerlo porque le agradó y es su amorosa intención (Efesios 1:4-5). ¡Increíble! ¡Qué podemos decir aparte de increíble!

Creo que cuando damos misericordia, eso aumenta

nuestro gozo. Es un acto de entrega, y la Palabra de Dios dice que seremos bendecidos cuando demos a otros.

Como he dicho, la misericordia es absolutamente extravagante. En *The Grace of Giving* (La gracia de dar), el Dr. Stephen Olford cuenta una historia que es una magnífica ilustración de eso.

> *En la época de la guerra revolucionaria estadounidense, vivía en Ephrata, Pennsylvania, un pastor bautista, Peter Miller, que disfrutaba de la amistad del General Washington. También vivía en esa ciudad un tal Michael Wittman, un hombre de mente malvada que hacía todo lo que estaba en su poder para abusar y oponerse al pastor. Pero Michael Wittman estaba involucrado en una tradición y fue arrestado y sentenciado a muerte. El viejo predicador comenzó una caminata y recorrió las setenta millas (112 kilómetros) hasta Philadelphia para poder interceder por la vida del hombre. Se le permitió estar en presencia de Washington, y rogó por la vida del traidor. "No, Peter", le dijo Washington. "No puedo otorgarte la vida de tu amigo. "¡Mi amigo!", exclamó el predicador. "¡Él es el enemigo más amargo que tengo!". "¿Qué?", exclamó Washington. "¿Has recorrido más de cien kilómetros para salvar la vida de un enemigo? Eso pone el asunto bajo una luz diferente. Otorgaré el perdón". Y lo hizo. Y Peter Miller sacó a Michael Wittman de las sombras de la propia muerte, de regreso a su propio hogar en Ephrata; pero él fue ya no como un enemigo sino como un amigo.*

El amor de Miller demandaba que un acto que normalmente habría requerido justicia fuese resuelto en cambio por la misericordia. Ese es el modo en que Dios nos trata a nosotros.

A fin de recibir la misericordia de Dios, especialmente cuando la necesitamos diariamente, debemos tener una mentalidad totalmente nueva sobre el modo en que Dios trata el pecado y a los pecadores. En primer lugar, Él aborrece todo pecado, ¡pero ama a todos los pecadores! Dios nunca te amará más de lo que lo hace en este momento en el tiempo, porque su amor es perfecto en todo momento y no está basado en nada que podamos hacer o no hacer. Ninguna cantidad de mejora por nuestra parte puede hacernos ganar más del amor de Dios. Él ha decidido darnos misericordia a cambio de nuestros fracasos para que podamos seguir obteniendo comunión con Él y recibir la ayuda de Él que tan desesperadamente necesitamos. Cuando fallamos, nunca deberíamos alejarnos de Dios sino que deberíamos acudir rápidamente a Él, porque Él es nuestra única esperanza de recuperarnos del error de nuestros caminos.

La gracia toma el castigo que nos merecemos y la misericordia nos da bendiciones que no nos merecemos. ¿Puedes recibir eso? ¿Puedes soportar ser así de bendecido por ninguna otra razón excepto que Dios es bueno?

El castigo

Había una escuela con un salón de clases de alumnos que ningún maestro había sido capaz de manejar. Dos o tres maestros se habían ido de esa escuela en un año debido a los rebeldes alumnos. Un joven, que acababa de salir de la universidad, oyó sobre esa clase y solicitó enseñar en la escuela.

El director le preguntó al joven: "¿Sabe usted lo que está pidiendo? Nadie ha sido capaz de manejar a esos alumnos. Usted está pidiendo un terrible castigo".

Después de unos momentos de oración en silencio, el joven miró al director y dijo: "Señor, con su aprobación, acepto el desafío. Tan sólo permítame un período de prueba".

A la mañana siguiente, el joven estaba delante de la clase. Le dijo a la clase: "Jóvenes, he venido aquí hoy para conducir la clase, pero entiendo que no puedo hacerlo por mí mismo. Debo tener la ayuda de ustedes".

Un muchacho grande llamado Big Tom, desde atrás del salón, susurró a sus compañeros: "Yo no necesitaré ayuda. Puedo comerme a ese pajarillo yo solo".

El joven maestro le dijo a la clase que si querían tener escuela, tendría que haber algunas reglas que seguir, pero también añadió que permitiría a los alumnos crear las reglas y él las escribiría en la pizarra.

Los alumnos pensaron que aquello era sin duda diferente.

Un joven sugirió "NO ROBAR".

Otro gritó: "ESTAR A TIEMPO PARA LA CLASE".

Poco después, tenían diez reglas en la pizarra. Entonces el maestro preguntó a la clase cuál debería ser el castigo por quebrantar esas reglas. "Las reglas no son buenas a menos que se hagan cumplir", les dijo.

Alguien en la clase sugirió que si se quebrantaban las reglas, esa persona debería recibir diez golpes con una vara en su espalda sin llevar el abrigo puesto.

El maestro pensó que eso era bastante duro, así que preguntó a la clase si estaban de acuerdo con ese castigo.

La clase estuvo de acuerdo. Todo fue bastante bien durante dos o tres días. Entonces Big Tom llegó un día muy molesto, y declaró que alguien le había robado su almuerzo. Después de hablar con los alumnos, llegaron a la conclusión de que el pequeño Timmy había *robado el almuerzo de Big Tom. ¡Alguien había visto a Timmy con el almuerzo de Big Tom!*

El maestro llamó al pequeño Timmy a pasar delante de la clase. El pequeño Timmy admitió que había robado el almuerzo de Big Tom.

Entonces el maestro le preguntó: "¿Conoces el castigo?".

El pequeño Timmy asintió. "Debes quitarte el abrigo", le dijo el maestro.

El muchacho había llegado con un abrigo muy grueso. El pequeño Timmy le dijo al maestro: "Soy culpable y estoy dispuesto a aceptar mi castigo, pero por favor no haga que me quite el abrigo".

El maestro le recordó al pequeño Timmy las reglas y los castigos, y volvió a decirle que debía quitarse el abrigo y aceptar su castigo como un hombre. El muchacho comenzó a desabrocharse ese viejo abrigo. A medida que lo hacía, el maestro vio que no llevaba camisa debajo del abrigo; y aún peor, vio un cuerpo frágil y huesudo oculto debajo de ese abrigo. El maestro le preguntó al pequeño Timmy por qué había ido a la escuela sin llevar camisa.

El pequeño Timmy respondió: "Mi papá está muerto y mi madre es muy pobre. Solamente tengo una camisa, y mi madre la está lavando hoy. Me puse el abrigo de mi hermano mayor para poder mantener el calor".

Ese joven maestro se quedó mirando la frágil espalda en la que se marcaban los huesos en la piel y las costillas, y se preguntó cómo podía golpear con una vara esa pequeña espalda que ni siquiera llevaba una camisa puesta.

Aun así, sabía que debía aplicar el castigo, o los

muchachos no obedecerían las reglas. Así que se retiró unos pasos para golpear al pequeño Timmy.

En ese momento, Big Tom se puso de pie y salió al pasillo. Preguntó: "¿Hay algo que diga que yo no puedo aceptar sobre mí el castigo del pequeño Timmy?".

El maestro pensó en ello y estuvo de acuerdo.

Entonces, Big Tom se quitó su abrigo y se inclinó sobre la espalda del pequeño Timmy en el pupitre. Vacilante, el maestro comenzó a golpear con la vara esa gran espalda.

Pero por alguna extraña razón, solamente después de cinco golpes aquella vieja vara se rompió por la mitad. El joven maestro se tapó la cara con sus manos y comenzó a llorar. Oyó una conmoción y levantó la vista para descubrir que no había ni un solo ojo seco en el salón de clases. El pequeño Timmy se había girado y había agarrado a Big Tom por el cuello, disculpándose ante él por haberle robado su almuerzo. El pequeño Timmy suplicó a Big Tom que le perdonara. Le dijo a Big Tom que le querría hasta el día en que muriera por haber recibido el castigo en lugar de él.

¿No te alegra que Jesús recibiese el castigo por nosotros? ¿Que Él derramase su preciosa sangre en el Calvario para que tú y yo podamos tener vida eterna con Él?

No somos dignos del precio que Él pagó por nosotros, pero ¿no te alegra que Él nos amase tanto?

Anónimo

La misericordia de Dios y nuestros errores

Muchos de nuestros errores los cometemos mientras estamos intentando hacer algo bien. El apóstol Pablo dijo que aunque quería hacer el bien, descubría que seguía haciendo el mal.

Tenía el deseo de hacer el bien, pero no tenía capacidad para hacerlo (Romanos 7:18).

Todos experimentamos eso, y debemos aprender a recibir misericordia cuando fallamos, mirar a Jesús y confiar en que Él siga obrando en nosotros hasta que nuestra transformación sea completa. En Romanos 12 aprendemos que hemos de ser completamente transformados mediante la renovación total de nuestra mente. Somos hechos nuevas criaturas en Cristo cuando le recibimos como nuestro Salvador y Señor, y diariamente aprendemos a vivir de acuerdo a la nueva naturaleza que hemos recibido. Según la enseñanza del apóstol Pablo, debemos aprender a ponernos "el ropaje de la nueva naturaleza" (Efesios 4:24). La sencilla verdad es que Dios ha hecho algo maravilloso en nosotros, y estamos aprendiendo a permitirle que lo desarrolle en nosotros. Filipenses 2:12-13 nos enseña a llevar a cabo nuestra salvación con temor y temblor, a ser serios y cautos y estar atentos contra la tentación. No podemos hacerlo en nuestra propia fuerza, sino que debemos permitir que Dios obre en nosotros y por medio de nosotros.

> *Muchos de nuestros errores los cometemos mientras estamos intentando hacer algo bien.*

> *Puede que seamos sinceros, pero aún así estar sinceramente equivocados. Puede que tengamos buenas intenciones, y aún así crear un problema. Dios ve nuestro corazón, nuestros motivos e intenciones, y está dispuesto a limpiar lo que nosotros ensuciamos mientras estamos creciendo.*

Puede que seamos sinceros, pero aún así estar sinceramente equivocados. Puede que tengamos buenas intenciones, y aún así crear un problema. Dios ve nuestro corazón, nuestros motivos e intenciones, y está dispuesto a limpiar lo que nosotros ensuciamos mientras estamos creciendo.

Nunca tenemos que tener temor a que Dios se enoje y tire la toalla con nosotros, porque no lo hará.

Brandon, de seis años, decidió un sábado en la mañana preparar tortitas para sus padres. Encontró un bol grande y una cuchara, acercó una silla a la encimera de la cocina, abrió el armario y sacó la pesada lata de la harina, derramándola sobre el piso. Puso parte de la harina en el bol con sus propias manos, mezcló casi una taza de leche y añadió algo de azúcar, dejando un rastro de harina sobre el piso, que ahora tenía algunas huellas que su gato había dejado. Brandon estaba manchado de harina y comenzaba a frustrarse. Quería que aquello fuese algo muy bueno para mamá y papá, pero se estaba volviendo muy malo. No sabía qué hacer a continuación, si ponerlo todo en el horno o en la cocina (¡y no sabía cómo funcionaba la cocina!). De repente vio a su gato que lamía el bol de la mezcla y se acercó para apartarlo, tirando el cartón de huevos al piso. Frenéticamente intentó limpiar aquella confusión monumental y resbaló sobre los huevos, ensuciándose el pijama. Y justamente entonces vio a papá en la puerta. Grandes lágrimas de cocodrilo se formaron en los ojos de Brandon. Lo único que él quería hacer era algo bueno, pero creó una terrible confusión. Estaba seguro de que llegaría una regañina, y quizá disciplina; pero su padre solamente le observaba. Entonces, caminando sobre toda la suciedad, levantó a su hijo que lloraba, le abrazó y le mostró su amor, haciendo que su propio pijama se ensuciara en el proceso. Así es como Dios trata con nosotros. Intentamos hacer algo bueno en la vida, pero se convierte en una confusión. Nuestro matrimonio se vuelve pegajoso, insultamos a un amigo, no podemos soportar nuestro trabajo, o nuestra salud empeora. A veces solamente nos quedamos llorando porque no podemos pensar que en qué otra cosa hacer. Es entonces cuando Dios nos levanta, nos ama y nos perdona, aunque parte de nuestra suciedad le manche a Él. Pero solamente porque podríamos estropearlo, no debemos dejar de intentar "hacer tortitas" para Dios o para otros. Tarde o temprano lo haremos correctamente, y entonces nos alegrará haberlo intentado.

La misericordia de Dios nos hace libres para seguir intentándolo aunque con frecuencia causemos confusiones. Recuerdo algunas de las confusiones que mis hijas creaban cuando intentaban aprender a hornear, o a limpiar, o a ponerse maquillaje. Recuerdo que nuestros hijos hacían lo mismo, sólo que con cosas de hombres. Parecía que siempre querían tomar prestadas las herramientas de Dave y no las ponían en su lugar, o tomaban prestado el auto y lo devolvían con el tanque de la gasolina vacío. Eran corregidos, pero recibían amor y misericordia una y otra vez hasta que conseguían hacerlo bien.

> *La misericordia de Dios nos hace libres para seguir intentándolo aunque con frecuencia causemos confusiones.*

Por favor, ¡no tengas un temor de Dios equivocado! Recibe su misericordia y permite que te ame incondicionalmente. Cuanto más lo hagas, más profundamente te enamorarás de Él, y lo siguiente que sabrás es que le obedecerás cada vez más y con menos esfuerzo que antes. ¡Lo harás bien si sencillamente no abandonas!

¿Cuándo lo haremos bien?

Yo me burlo en broma de Dave porque a pesar de lo buena que sea su puntuación en el golf después de una vuelta, él nunca está plenamente satisfecho con su juego. Siempre hay algo que siente que podría y debería haber hecho mejor. Somos así con la vida algunas veces. ¿Por qué no podemos hacerlo bien? Sin duda, no se debe a que no queramos. Antes de que yo tuviera una relación seria con Dios, no me importaba tanto cómo me comportaba, pero cuanto más aprendí a amarle, más quería hacer lo correcto todo el tiempo. Sin embargo, parecía que cometía más errores que nunca. Estoy segura de que los cometía todo el tiempo, pero entonces comencé a notarlos, y eso no me gustaba. Incluso si mejoraba en una o dos áreas, siempre había otra a punto de ser revelada que yo no había visto antes. Las personas me expresan esa misma frustración todo el tiempo. ¿Cómo podemos querer apasionadamente hacer el bien y aun así hacer el mal? Aquí está una escritura a considerar:

> Dios ha sujetado a todos a la desobediencia, con el fin de tener misericordia de todos.
>
> Romanos 11:32

Vaya, eso parece bastante injusto. A pesar de lo duro que lo intentemos, siempre vamos a tener algunas imperfecciones. ¿Por qué? Para que Dios pueda mostrar su increíble misericordia en nuestras vidas. Experimentar la misericordia de Dios nos acerca más a Él. Dios se asegura de que siempre le necesitemos. Él deja debilidades incluso en el más escogido de sus santos para recordarnos que seguimos teniendo necesidad de Él. ¡Creo que debemos dejar de contar nuestros errores! No sigas apuntando tus fallos. ¿Por qué estamos tan obsesionados con cuánto bien hacemos y cuánto mal hacemos? Si Dios no está contando, ¿por qué lo hacemos nosotros? La puntuación no importa de todos modos, porque si hacemos algo correctamente, Dios es quien obtiene la gloria, y si hacemos algo incorrecto, sólo Dios puede arreglarlo, de modo que si hacemos bien o hacemos mal, estamos "en Cristo" y le pertenecemos. Sencillamente debemos amarle tanto como podamos, hacer lo mejor que podamos y confiar en que Él se ocupa de todas las cosas. Sé feliz en el amor y la aceptación de Dios, disfruta de su misericordia y perdón, crece en su gracia y deléitate en su favor.

Al apóstol Pablo le fueron dadas dos terceras partes de lo que leemos en el Nuevo Testamento mediante revelación directa de Dios, y aun así él tenía debilidades que Dios no quiso eliminar, sino en cambio le dijo que su gracia le bastaba (2 Corintios 12:8-9). Pablo dijo que la debilidad, o un aguijón en su carne, como él lo denominó, había de guardarle de hincharse de orgullo por la grandeza de las revelaciones que se le habían dado. Cuando Pablo escuchó eso de parte de Dios, no pareció seguir batallando más con la debilidad. De hecho, dijo que se gloriaría en su debilidad para que el poder de Dios pudiera descansar sobre él. Entendía que era inútil batallar con la debilidad mediante la cual Dios estaba decidiendo obrar en lugar de eliminarla, y sencillamente entró en el descanso de Dios con respecto a eso. ¿Podemos nosotros hacer lo mismo? Oro para que así sea.

Nuestra tentación de volvernos orgullosos es grande como seres humanos, pero nada nos mantiene humildes como entender que cometemos errores como todos los demás. Una de las maneras más rápidas de que una de tus imperfecciones muestre su fea cara es juzgar a otra persona por la que él o ella tiene. No siempre entendemos las maneras en que Dios trata con nosotros, pero podemos estar seguros de que sus caminos son perfectos. Cuando queremos sinceramente ser fuertes y descubrimos que somos débiles, podemos confiar en que la gracia y la misericordia de Dios son suficientes para nosotros. Puede que prefiramos ser fuertes por nosotros mismos y no necesitar la ayuda de Dios, pero tengo el sentir de que si pudiéramos ver todo lo que Dios ve, entenderíamos que necesitar la misericordia de Dios es mucho mejor que no necesitarla en absoluto.

¡Qué profundas son las riquezas de la sabiduría y del conocimiento de Dios! ¡Qué indescifrables sus juicios e impenetrables sus caminos! «¿Quién ha conocido la mente del Señor, o quién ha sido su consejero?». «¿Quién le ha dado primero a Dios, para que luego Dios le pague?». Porque todas las cosas proceden de él, y existen por él y para él. ¡A él sea la gloria por siempre! Amén.

Romanos 11:33-36

CAPÍTULO 15

Sorprendente gracia

Gracia es todo por nada para aquellos que no se merecen nada.

Anónimo

Cuando pienso en el título *Perfecto amor*, oigo la palabra "gracia", y esa es una palabra maravillosa de oír. Si no fuese por la gracia de Dios, Él tendría que estar enojado con nosotros, porque su santidad demanda justicia por el pecado. Debe hacerse un sacrificio para expiar el pecado, pero debido a su gracia Él mismo hizo el sacrificio al ofrecer la vida de su Hijo por la nuestra. Jesús tomó el castigo que nosotros merecíamos por nuestros pecados, y ofrece cuidarnos y bendecirnos en lugar de darnos lo que nos merecemos. Amigo mío, ¡eso es gracia!

Martín Lutero dijo: "Aunque por pura gracia Dios no nos imputa nuestros pecados, sin embargo Él no quería hacer eso hasta que se hubiera realizado completa y amplia satisfacción de su ley y su justicia. Ya que eso era imposible para nosotros, Dios ordenó por nosotros, en nuestro lugar, a uno que tomó sobre sí mismo todo el castigo que nosotros merecemos. Él cumplió la ley por nosotros. Él desvió el juicio de Dios de nosotros y apaciguó la ira de Dios. La gracia, por tanto, no nos cuesta nada, pero le costó a Otro mucho para obtenerla por nosotros. La gracia fue comprada con un incalculable e infinito tesoro: el propio Hijo de Dios".

El enojo y el temor a él nos reducen a ser siervos oprimidos, pero Jesús dijo: "Ya no los llamo siervos…los he llamado amigos" (Juan 15:15). Solamente la gracia nos permitiría ser amigos de Dios.

El Verbo (Cristo) se hizo carne y habitó entre nosotros. Él estaba lleno de gracia (favor, bondad) y verdad (Juan 1:14). Por la gracia de Dios somos salvos mediante la fe, es un regalo de Dios, no por obras para que ningún hombre pueda presumir o apropiarse el mérito para sí mismo (Efesios 2:8-9). El regalo de la gracia de Dios está a disposición de todos. Lo único que necesitamos hacer es recibirlo por la fe. La gracia perdona nuestros pecados, nos limpia de toda injusticia y nos sitúa en una posición correcta delante de Dios. ¡Verdaderamente sorprendente!

> *Pero por su gracia son justificados gratuitamente mediante la redención que Cristo Jesús efectuó.*
>
> Romanos 3:24

Podríamos interpretar Romanos 3:24 como: "y Dios no está enojado contigo". Somos invitados a tener una relación íntima con Dios por medio de Jesucristo. Él no sólo nos salva, sino que también nos ayuda en todo lo que necesitamos hacer en la vida. La misma gracia que nos salvó nos capacita para vivir en victoria con paz y gozo. En muchas de las cartas del apóstol Pablo a las iglesias, él comienza con el saludo: "Gracia y paz les sean multiplicadas, de Dios nuestro Padre y de nuestro Señor Jesucristo". Es imposible tener paz hasta que tengamos la gracia. Sin gracia, batallamos y nos esforzamos para ganarnos o merecer lo que ya es nuestro como un regalo.

Me gusta usar el ejemplo de intentar conseguir una silla en la que ya estamos sentados. Piensa en lo ridículo, frustrante e imposible que eso sería, y sin embargo es exactamente lo que yo hice por muchos años, y quizá también tú hayas hecho lo mismo. Yo continuamente intentaba hacer bien las cosas para poder tener paz con Dios, pero siempre quedaba decepcionada y frustrada. Finalmente aprendí que no podía "conseguir" algo que solamente necesitaba "recibir". ¿Cómo podemos pagar por algo que es totalmente gratuito?

¿Estás intentando "conseguir" lo que deberías "recibir"?

"Conseguir" significa obtener mediante el esfuerzo, pero recibir significa *simplemente* tomar lo que ha sido ofrecido. Nuestra relación con Dios y nuestro servicio a Él nunca tuvo que ser complicado. El apóstol Pablo les dijo a las personas a las que ministraba que tenía temor a que ellos perdieran de vista la simplicidad que era suya en Cristo Jesús, y nosotros nos enfrentamos al mismo peligro. El mundo en el cual vivimos en la actualidad es muy complicado, y no es probable que cambie, de modo que debemos cambiar nuestro enfoque y mantener nuestra vida tan sencilla como posiblemente podamos. Especialmente deberíamos mantener sencilla nuestra relación con Dios.

Podemos hacer eso creyendo su Palabra a pesar de lo que pensemos o sintamos. Podemos recibir mediante la fe todo lo que Él nos ofrece, aunque sepamos plenamente bien que no nos lo merecemos. Podemos estar agradecidos por cada favor que Él nos da. Podemos escoger confiar y apoyarnos en Él para satisfacer cada necesidad que tengamos en lugar de preocuparnos e intentar solucionar las cosas. Y con su ayuda (gracia) podemos obedecerle y crecer en madurez espiritual sabiendo que su voluntad y sus caminos son siempre los mejores para nosotros.

Con frecuencia decimos que una persona llegó a ser salva, pero esa es una frase imprecisa, porque nadie puede "llegar a ser" salva. La salvación es un regalo que ninguno de nosotros puede obtener mediante esfuerzos. No la "conseguimos", sino que la "recibimos".

Mas a cuantos lo recibieron, a los que creen en su
nombre, les dio el derecho de ser hijos de Dios.

Juan 1:12

Algunas personas sienten que deben mejorar antes de poder tener una relación con Dios, pero la gracia sale a nuestro encuentro en nuestro estado imperfecto, y nos hace lo que Dios quiere que seamos. La gracia no se encuentra donde estamos, ¡pero nunca nos deja donde nos encontró! ¡La gracia nos acepta tal como somos! Me gusta decir que cuando Dios nos invita a su fiesta, es siempre una fiesta con la invitación "ven tal como estés". Si un amigo te viera fuera de tu casa barriendo hojas del césped y se detuviera para decir: "Oye, vamos a tener ahora mismo una fiesta en nuestra casa, ¿por qué no vienes?", podrías responder: "No estoy vestido para una fiesta". Pero si tu amigo te dijera: "Queremos que vengas, tal como estás", eso te haría sentirte bastante especial. Eso es en esencia lo que Dios le dice a cualquiera que no haya recibido aún a Jesús como Salvador. La buena noticia es que no tienes que tener todo arreglado antes de poder participar en la fiesta de Dios, puedes venir tal como estés.

No desperdicies años de tu vida intentando mejorar antes de entrar en una relación con Dios. Jesús vino a llamar a los pecadores al arrepentimiento, no a llamar a los justos. Un médico no atiende a quienes están sanos, sino a quienes están enfermos. Jesús vino para resolver la enfermedad del pecado. Responde al llamado de Dios. Ven tal como estás.

¡Vengan a las aguas todos los que tengan sed! ¡Vengan
a comprar y a comer los que no tengan dinero!
Vengan, compren vino y leche sin pago alguno.

Isaías 55:1

Tres veces en este versículo se nos invita a "venir". Lo único que necesitamos para venir es una actitud de rendición. Es una actitud de "recibir", no de "conseguir".

Después de que Mateo hubiera respondido al llamado del Señor, preparó un banquete para poder honrar y entretener a Jesús. Invitó a muchos publicanos y pecadores a ir a comer con ellos. Mientras todos estaban a la mesa comiendo, ciertos fariseos (personas religiosas) y sus escribas murmuraban. ¡No podían entender por qué el Señor Jesús y sus discípulos querrían comer y beber con pecadores! Se quejaron a sus discípulos diciendo. "¿Por qué comen y beben con los publicados y pecadores?". Los discípulos no pudieron responder, quizá porque ellos mismos no entendían por qué su Maestro haría tal cosa. Cuando Jesús lo oyó, respondió: "No he venido a llamar a justos, sino a pecadores al arrepentimiento". Ese era su propósito al venir al mundo. Él no hizo concesiones en absoluto al comer con publicanos y pecadores, ni tampoco estaba en el banquete por casualidad. Él vino con una meta definida.

Jesús no esperaba que los pecadores le diesen nada, pero Él vino para darles todo a ellos, y comenzó con su completo perdón y aceptación. Él vino para hacer una oferta gratuita, y ellos sólo necesitaban recibirla. En el mundo, cuando oímos a alguien decir: "Esto es gratis", normalmente sospechamos que hay un costo oculto, pero cuando Jesús dice "gratis", lo dice de veras.

Jesús dijo: "Lo que ustedes recibieron gratis, denlo gratuitamente" (Mateo 10:8). Cuando aprendemos a recibir la gracia de Dios gratuitamente, somos capaces también de darla a otras personas. Recibir gracia (favor, misericordia) de Dios es lo primero que necesitamos aprender, y lo segundo es que deberíamos darla gratuitamente a quienes la necesiten. Dios nunca espera de nosotros que hagamos algo por otros que Él no esté dispuesto a hacer por nosotros. Él nos muestra el camino para que podamos seguir su ejemplo. ¿Deseas tener más gracia hacia los demás? Si es así, entonces debes comenzar por recibir abundantes medidas de la gracia de Dios diariamente para ti mismo.

Recibir la Palabra de Dios

Otra cosa que hemos de recibir es la Palabra de Dios. Algunos oyen la Palabra de Dios pero no la reciben, y no les hace ningún bien. En el capítulo 4 de Marcos se nos relata una parábola de un sembrador que sembró semilla (la Palabra de Dios) en diferentes tipos de tierra. La tierra representaba a diferentes tipos de oyentes. He aprendido que cuando yo hablo, no todo el mundo oye lo mismo. Hay cuatro tipos de oyentes que están representados por la tierra en esta parábola. Se dice que el primero es tierra al lado del camino. La semilla no entró en absoluto en la tierra, y llegaron las aves y se la comieron. Algunas personas no quieren escuchar nada; no tienen interés alguno en conocer la verdad porque no tienen interés alguno en cambiar. Aunque su vida podría ser desgraciada, no están dispuestos a realizar un cambio.

El segundo tipo de oyente del que se nos habla es terreno pedregoso. La semilla entra en la tierra y es inmediatamente recibida, bienvenida y aceptada con alegría, pero no tiene raíces. Cuando llegan los problemas o la persecución, se ofende y se aparta. El tercer tipo de oyente oye la Palabra, pero los espinos—las preocupaciones y ansiedades del mundo, las distracciones de la época, los placeres, el glamour y el engaño de las riquezas—evitan que la semilla crezca. Podemos ver por esto que incluso quienes están dispuestos a oír no siempre oyen plenamente y de la manera correcta. No oyen con una seria intención de verdaderamente *recibir* la palabra que oyen. Solamente un oidor en esta parábola la recibe, le da la bienvenida y la acepta, y da fruto. Dios desea que demos fruto. Muchas personas actualmente oyen una y otra vez, pero no están escuchando de verdad. Puede que estén sentados en el banco de la iglesia, pero no están escuchando con oídos espirituales. Escuchar casualmente a otros compartir la verdad de la Palabra de Dios es como rociar un poco de perfume sobre uno mismo. Uno huele la fragancia, pero en un breve período de tiempo el efecto se ha ido por completo. Es algo temporal que no tiene valor duradero.

Cuando la Palabra de Dios es recibida genuinamente y sinceramente, tiene en ella la capacidad de hacer una obra sorprendente en nuestra alma. Renueva nuestra mente y nos cambia a la imagen de Jesucristo.

Si has estado sentado en la iglesia por muchos años y no has experimentado un cambio genuino en tu carácter, pregúntate si estás recibiendo verdaderamente la Palabra de Dios. Si no es así, entonces lo único que necesitas hacer es comenzar a escuchar con una actitud diferente. Escucha con una actitud de recibir y respaldar con la acción.

Recibir al Espíritu Santo

También que se nos enseña que recibamos la guía diaria del Espíritu Santo. Cuando Jesús ascendió para sentarse a la diestra del Padre, envió al Espíritu Santo para representarle y actuar en su nombre. Él está presente en nuestras vidas para enseñarnos, orar por medio de nosotros, convencernos de pecado y convencernos de justicia. Él está presente para dirigirnos y guiarnos en todos los asuntos de la vida diaria, tanto espirituales como prácticos. Te insto a considerar al Espíritu Santo una ayuda siempre presente. Se hace referencia a Él como el "Ayudador". Afortunadamente, Jesús no nos dejó solos para cuidarnos nosotros mismos. Me gusta decir que me alegra que Él no me lanzase la pelota de fútbol (salvarme) y después me dijese que intentase marcar un gol yo sola. Él nos salva por su gracia y es un poder siempre presente en nuestras vidas, que está a disposición de todo aquel que se entregue y reciba la ayuda de Él.

Hay muchas otras cosas que se nos dicen en la Palabra de Dios que recibamos sencillamente. Son el perdón de pecados, recompensas, misericordia por nuestros fracasos, convicción de pecado y dirección, sólo por nombrar algunas. A pesar de lo que Dios desea darnos, no se vuelve nuestro a menos que los recibamos. Nunca desperdicies esfuerzo intentando "conseguir" lo que puedes sencillamente "recibir" mediante la fe. Debemos ser bautizados con una nueva manera de pensar. Nuestra mente debe ser completamente renovada a fin de disfrutar de la plenitud de la voluntad de Dios en nuestras vidas.

La ley y la gracia no pueden mezclarse

Pues la ley fue dada por medio de Moisés, mientras que la gracia y la verdad nos han llegado por medio de Jesucristo.

Juan 1:17

Muchos creyentes del nuevo pacto siguen viviendo bajo el antiguo pacto, o mezclan lo viejo con lo nuevo. Tienen algo de gracia y algo de ley, pero en realidad no tienen una cosa ni la otra. La ley manda que trabajemos para cumplirla; requiere sacrificio por nuestra parte cuando fallamos. El apóstol Pablo enseñó que las obras de la carne y la gracia no podían mezclarse para que ambas cosas no se volvieran inútiles. Él dijo que si es por gracia (su favor y misericordia inmerecidos), ya no está condicionado por obras como ninguna otra cosa que los hombres hayan hecho, "porque en tal caso la gracia ya no sería gracia" (Romanos 11:6). A fin de tener más claridad podríamos decir que gracia es Jesucristo obrando, y ley es el hombre obrando. ¡Dios no necesita nuestra ayuda para salvarnos!

La ley detecta el pecado, ¡pero la gracia lo conquista!

San Agustín

Cuando recibimos a Cristo como nuestro Salvador, debemos vestirnos de una nueva vestidura (nueva naturaleza), y no limitarnos a coser remiendos nuevos en el vestido viejo. Jesús dijo que ningún hombre pone un remiendo (nuevo) en un vestido viejo, porque si lo hace se forma un desgarro peor (Mateo 9:16). Ya estamos desgarrados cuando acudimos a Cristo. Él no desea remendar nuestro vestido viejo (nuestra vieja forma de vida), sino que desea eliminarla y darnos otra totalmente nueva. Él nos ofrece un nuevo pacto y una nueva forma de vivir. Podemos vivir por la fe mediante la cual recibimos la gracia de Dios, en lugar de vivir intentando cumplir la ley a fin de suavizar el enojo de Dios.

Aunque es cierto que Dios está enojado contra el pecado, se nos dice que Jesús es la propiciación (sacrificio expiatorio) por nuestros pecados (1 Juan 2:2). Piensa en el ramo de rosas que un hombre lleva a casa a su esposa para suavizarla cuando ella está enojada con él por haber llegado tarde a cenar. Él entra tranquilamente por la puerta de su hogar con el ramo de rosas delante de él; sabe que a ella le gustan mucho las rosas, y cree que el regalo apaciguará su enojo.

Jesús es la ofrenda a Dios que apaciguó su enojo contra toda injusticia. Cuando acudimos al Padre en el nombre de Jesús, es como llevar las rosas delante de nosotros y esperar que ellas nos abran camino para ser aceptados. Jesús dijo: "Nadie llega al Padre sino por mí" (Juan 14:6). Él es la Puerta por la cual entramos y encontramos aceptación y amor (Juan 10:9). Algunas buenas obras realizadas para cubrir nuestros pecados no son suficientes. No debemos coser remiendos nuevos en vestidos viejos.

Imagina a una mujer que lleva puesto un vestido que tiene cinco años y que ha sido lavado muchas veces, y está desgastado y descolorido. Se desgarra el vestido el lunes y toma un pedazo de tela nueva, de color brillante, y la cose encima sobre el viejo vestido descolorido. El martes lo rasga dos veces y hace lo mismo otra vez. Ahora imaginemos que ella repite el proceso cada día durante un mes. ¿No se vería extraño su vestido? Nosotros nos vemos así de necios cuando intentamos mejorar nuestro vestido al coser nuevos remiendos sobre él en lugar de librarnos del viejo y ponernos el nuevo. Hoy, no necesitamos hacer nada excepto confesar que nuestro vestido está desgarrado, que estamos corrompidos y somos incapaces de hacer ningún bien, y pedirle a Él que nos dé un vestido nuevo.

Jesús no vino para añadir a la ley de Moisés, sino para cumplirla y darnos una manera nueva y mejor de acercarnos a Dios; vino con gracia y verdad. Algunas personas piensan: "Soy pecador; por tanto, debo ayunar dos veces por semana, dar dinero y hacer buenas obras, y entonces seré aceptable ante Dios", pero eso es equivocado. Lo que el pecador debe hacer es recibir gracia, perdón, favor y misericordia como un regalo, y estar agradecido por ello.

Entonces puede aprender a hacer cosas buenas, pero ya no las hace para conseguir que Dios le ame y le acepte, ¡sino solamente debido a la sorprendente gracia que ha recibido gratuitamente!

¡Dios no se vende! Él no puede ser comprado con buenas obras de ningún tipo. Debemos entender que nuestros motivos son muy importantes para Dios. Sí, Él desea que sigamos su ejemplo y hagamos cosas buenas, pero sin duda alguna deben hacerse con el motivo correcto. Cualquier buena obra hecha para "conseguir" algo queda arruinada y no tiene valor alguno delante de Dios. Sólo las obras que se hacen debido a que hemos recibido algo sorprendente son valiosas.

Dios no amará ni una pizca más al hombre que ore tres horas cada día y lea largas porciones de la Escritura de lo que ama a aquel que lee y ora menos. El hombre podría amarse y admirarse a sí mismo más, ¡pero Dios no le amará más! Permíteme repetir claramente que Dios no se vende.

En *No Wonder They Call Him Savior* [Con razón le llaman Salvador], Max Lucado cuenta una conmovedora historia que quiero compartir contigo.

Con el anhelo de dejar su barrio pobre brasileño, Cristina quería ver el mundo. Descontenta con un hogar que tenía solamente un camastro en el piso, un lavabo y una cocina de leña, ella soñaba con una vida mejor en la ciudad. Una mañana se fue, rompiendo el corazón de su madre. Sabiendo lo que la vida en las calles sería para su joven y atractiva hija, María enseguida hizo las maletas para salir a buscarla. De camino a la parada del autobús entró en una tienda para obtener una última cosa. Fotografías. Se sentó en la cabina fotográfica, cerró la cortina y gastó todo lo que pudo en fotografías de ella misma. Con su bolsa llena de fotografías en blanco y negro, se subió al siguiente autobús hacia Río de Janeiro. María sabía que Cristina no tenía modo alguno de ganar dinero, y también sabía que su hija era demasiado terca para tirar la toalla. Cuando el orgullo se encuentra con el hambre, un ser humano hará cosas que anteriormente eran impensables. Sabiendo eso, María comenzó su búsqueda. Bares, hoteles, clubes nocturnos, cualquier lugar con una reputación para caminantes o prostitutas. Fue a todos ellos; y en cada lugar dejaba su fotografía: pegada en un espejo en el baño, en el tablón de anuncios de un hotel, en una cabina telefónica, y en la parte trasera de cada fotografía escribió una nota. No pasó mucho tiempo antes de que se quedase sin dinero y sin fotografías, y María tuvo que regresar a casa. La llorosa madre iba llorando mientras el autobús comenzaba su largo viaje de regreso a su pequeño pueblo.

Unas semanas más tarde, la joven Cristina descendió por las escaleras del hotel. Su joven rostro se veía cansado; sus ojos marrones ya no danzaban con la juventud sino que hablaban de dolor y temor. Su risa estaba rota. Su sueño se había convertido en una pesadilla. Más de mil veces hubiera deseado cambiar aquellas incontables camas por su seguro camastro; sin embargo, su pequeño pueblo estaba, de muchas maneras, demasiado lejos. Cuando llegó al final de las escaleras, sus ojos observaron un rostro familiar. Miró otra vez, y allí en el espejo del vestíbulo estaba una pequeña fotografías de su madre. Los ojos de Cristina ardían y se le hizo un nudo en la garganta mientras cruzaba el vestíbulo y quitaba la fotografía. Escrito en la parte de atrás estaba esta invitación: "Cualquier cosa que hayas hecho, cualquier cosa en que te hayas convertido, no importa. Por favor, regresa a casa". Ella lo hizo.

Cristina no tuvo que volver a comprar el amor de su madre con buenas obras; no se le pidió que hiciera nada excepto regresar a casa. El clamor de Jesús al mundo es: "¡Regresa a casa!". Cuando yo he hecho un largo viaje, y especialmente si he estado en un país extranjero donde las costumbres y la comida son muy distintos a los míos, me emociona regresar a casa. Puedo relajarme y descansar en casa de una manera que no se parece a ningún otro lugar. Cuando regresamos a casa a Jesús, Él quiere que descansemos en su amor, que no tengamos temor a que Él esté enojado con nosotros debido a la vida que hemos vivido en el pasado.

Antes de nada, debemos tener este glorioso fundamento en nuestra vida. Debemos entender plenamente que aunque la ley es santa, no hace santo a ningún hombre, porque el hombre no puede cumplirla. Aunque podría cumplir alguna parte de ella, nunca será capaz de cumplirla toda, porque el hombre es débil e imperfecto. Dios no nos dio la ley esperando que el hombre la cumpliese, sino a fin de que al intentar cumplirla y fracasar, pudiera entender que necesitaba un Salvador. Él envía al Señor Jesús como gracia para el mundo.

CAPÍTULO 16

Mayor gracia

*Porque por la gracia se da no porque hayamos hecho
buenas obras, sino a fin de que podamos ser capaces
de hacerlas.*

San Agustín

Dios nos da gracia para la salvación, pero no se detiene ahí.
Afortunadamente, Él también nos da mayor gracia para que
podamos hacer todo lo que necesitamos hacer por medio de
ella. Se podría decir que la gracia que recibimos para salvación
es una gracia para los asuntos espirituales en nuestra vida.
Nos salva, nos perdona por completo y nos da una posición
de rectitud ante Dios. Después de la salvación hay muchos
asuntos prácticos que tratar, y Dios nos da mayor gracia para
todos ellos. Sean nuestras necesidades espirituales o prácticas,
la gracia de Dios siempre está abundantemente disponible.

A medida que aprendamos la Palabra de Dios, encontraremos en nosotros un deseo de ser obedientes a lo que Él nos
pide que hagamos, y de dejar de hacer lo que Él no quiere
que hagamos. Pero enseguida descubrimos que a pesar de lo
mucho que lo intentemos, no podemos hacerlo meramente
por decisión o fuerza de voluntad. Fracasamos miserablemente y nos sentimos frustrados debido a nuestra falta de
capacidad para realizar el bien que deseamos hacer. Dios nos
ha dado un nuevo conjunto de deseos, pero también parece
que nos ha dejado sin la capacidad de realizarlos. Realmente,
Él quiere que aprendamos que Él *es* nuestra capacidad; quiere

que confiemos en Él absolutamente para todo, incluyendo la capacidad de hacer cosas que nos manda que hagamos. Debemos entender que Dios nos ha mandado, y solamente Dios puede capacitarnos.

Creo sinceramente que podría haber muerto de frustración si no hubiese aprendido sobre la "mayor gracia" que se nos ofrece. Antes de ser seria en cuanto a mi relación con Dios, no era infeliz con respecto a mi modo de vida, porque no era consciente de que tuviera tantos problemas como tenía. Yo pensaba que todos los demás tenían problemas y que necesitaban cambiar, así que yo podía ser feliz y sentirme cómoda. Sin embargo, estudiar la Palabra de Dios me enseñó rápidamente que yo tenía problemas y que era yo quien necesitaba cambiar. Yo quería cambiar porque amaba a Dios; sabía que Él me amaba, pero ahora quería amarle. Veía que Jesús había dicho: "Si ustedes me aman, obedecerán mis mandamientos" (Juan 14:15).

Intenté todo lo que pudiera posiblemente intentar a fin de cambiarme a mí misma, pero nada de lo que hacía funcionó. Si algo sucedió, fue que me comportaba peor en lugar de mejor. Me centraba en todas las cosas equivocadas que había en mí, y no entendía que aquello en lo que nos enfocamos se hace más grande y poco después es lo único que podemos ver. Yo clamaba junto con el apóstol Pablo: "¡Soy un pobre miserable! ¿Quién me librará de este cuerpo mortal?" (Romanos 7:24). Mi corazón era recto delante de Dios, yo quería hacer lo correcto, pero mi cuerpo (alma) me daba problemas. Después de mucho sufrimiento, finalmente vi lo que hizo el apóstol Pablo cuando dijo de su propia liberación: "¡Gracias a Dios por medio de Jesucristo nuestro Señor!" (Romanos 7:25). Cuando vi que solamente Jesús podría liberarme y que no tenía que luchar para liberarme a mí misma, sentí como si me hubieran quitado de los hombros una tonelada de peso.

Durante un período de tiempo, comencé a encontrar cierto

número de escrituras que me enseñaban que solamente la gracia podía cambiar mi conducta. Cuando intentamos salvarnos a nosotros mismos, es inaceptable para Dios y no funciona; cuando intentamos cambiarnos a nosotros mismos es igual. Sí necesitamos cambiar, pero debemos pedir a Dios que nos cambie. Debemos confiar y apoyarnos en Él para todas las cosas en nosotros que necesiten cambiar. Él nos va cambiando poco a poco, y los principales instrumentos que utiliza son su Palabra y el Espíritu Santo.

> *Pero él da mayor gracia.*
>
> Santiago 4:6, RVR-1960

El diccionario griego Vine de palabras del Antiguo y el Nuevo Testamento dice lo siguiente de Santiago 4:6: "pero él da mayor gracia (en griego, 'una mayor gracia'). 'Dios dará aún una mayor gracia', es decir, todo lo que sigue a la humildad y a alejarse del mundo". Nuestra parte en esto es tomar la decisión de humillarnos y alejarnos del mundo, y la parte de Dios es proporcionar el poder (gracia) para capacitarnos para hacerlo.

El apóstol Santiago está hablando de creyentes que son como esposas infieles, que tienen una aventura de amor ilícita con el mundo. Afirma que el Espíritu Santo que vive en nosotros anhela ser bienvenido en todas las áreas de nuestra vida; Él está lleno de celos divinos por nuestra plena atención y compromiso. Santiago sigue diciendo que el Espíritu Santo nos da mayor gracia para vencer por completo esta tendencia malvada y todas las demás. Qué maravilloso es saber que Dios da la capacidad de afrontar todas nuestras tendencias al mal, sin importar cuáles sean o lo frecuentemente que aparezcan. Creer esta verdad nos da la libertad de vivir sin el temor a ser rechazados por Dios debido a nuestras debilidades.

Gracia es poder

Oímos que gracia es favor inmerecido, y sin duda alguna lo es. Es favor inmerecido manifestado en poder que nos capacita para hacer lo que necesitamos hacer en esta vida. Me gusta definir gracia de esta manera: *Gracia es el poder del Espíritu Santo que se nos ofrece gratuitamente, capacitándonos para hacer con facilidad lo que no podríamos hacer solos con ninguna cantidad de lucha y esfuerzo.*

Santificación

Santificación es la separación de los creyentes de cosas y caminos de maldad. Espiritualmente somos santificados (hechos santos) cuando nacemos de nuevo, pero en la práctica se desarrolla en nuestra vida poco a poco mediante nuestra comunión y colaboración con el Espíritu Santo. El Espíritu Santo es el agente en la santificación. Entramos en esta relación con Dios mediante la fe en Cristo. La santificación es la voluntad de Dios y su propósito en llamarnos. Debemos aprenderla de Dios, como Él la enseña mediante su Palabra, y el creyente debe perseguirla con sinceridad y firmeza.

"Aunque somos espiritualmente y legalmente hechos santos en el nuevo nacimiento en Cristo, el carácter santo no es vicario", dice el Diccionario Expositivo Vine de griego. "No puede ser transferido o imputado, sino que debe ser desarrollado poco a poco como el resultado de obedecer la Palabra de Dios y de seguir el ejemplo de Cristo en el poder del Espíritu Santo. El Espíritu Santo es el agente en la santificación".

Esta definición de santificación es muy importante que la entendamos, de modo que la expresaré con mis propias palabras en un esfuerzo por hacer que sea incluso más clara: cuando nacemos de nuevo mediante la fe en Jesucristo, Dios nos da una nueva naturaleza. Él nos hace santos en el interior, pero esta santidad debe ser desarrollada en nuestro carácter. Es un proceso que tiene lugar poco a poco a medida que estudiamos la Palabra de Dios y aprendemos a confiar en el Espíritu Santo (gracia).

Si yo tuviera una camisa con una gran marcha en ella y la lavase con detergente, podría decir que el detergente mezclado con agua fue el agente que la limpió. De la misma manera, la Palabra de Dios y su Espíritu Santo eliminan las manchas de nuestra conducta. Se hace mediante su gracia pero es decidido por nosotros.

> *...lleven a cabo su salvación con temor y temblor,*
> *pues Dios es quien produce en ustedes tanto el querer*
> *como el hacer para que se cumpla su buena voluntad.*
> Filipenses 2:12-13

Cuando Jesús ascendió para sentarse a la diestra de su Padre hasta que sus enemigos sean puestos por estrado de sus pies, Él sabía que necesitaríamos poder para vivir la vida que Jesús murió para darnos; por tanto, nos envió este poder en el Espíritu Santo. Sin embargo, al igual que tuvimos que aprender a confiar en Jesús para la salvación, ahora debemos aprender a confiar en el Espíritu Santo, que es el Espíritu de gracia para todas las otras cosas que necesitamos en la vida. A medida que perseguimos apasionadamente el carácter santo de Dios, Él proporciona la fortaleza y la capacidad para cambiar.

Digamos que voy a la iglesia el domingo, donde escucho un alentador sermón sobre ser buena con mis enemigos. Ahora bien, sucede que una amiga recientemente ha herido mis sentimientos con bastante profundidad, y debo admitir que no tengo ningún deseo natural de ser buena con ella. Pero debido a mi amor por Dios, quiero hacerlo en obediencia a Él. Si me limito a irme a casa e intentar ser buena, fracasaré miserablemente; pero si regreso a casa diciéndole a Dios que estoy dispuesta pero no puedo hacerlo sin su ayuda, descubriré que cuando vea a mi amiga, Dios sin duda me ayudará. Estoy agradecida a Él, porque sé que por mí misma habría fracasado. Yo tengo una victoria, pero Dios obtiene el mérito.

Un cambio que nunca termina

El proceso de santificación nunca llega por completo a un fin hasta que Dios nos llame de este mundo y nos transforme por completo. Hasta entonces seguimos creciendo, y eso es todo lo que Dios requiere de nosotros. Él quiere que deseemos su voluntad, y trabajemos con su Espíritu Santo hacia lograrla. Como dice el Diccionario Vine de griego, es una santidad que se desarrolla poco a poco mediante la obediencia a la Palabra de Dios.

Debemos aprender que Dios no está enojado porque no hayamos llegado a nuestro destino deseado de un carácter santo completo. Él está satisfecho al encontrarnos diariamente avanzando hacia la meta de la perfección. Cuando creemos esto, elimina presión de nuestra vida. Yo encuentro gozo al decir: "Estoy creciendo"; "No estoy donde necesito estar, pero gracias a Dios que no estoy donde solía estar; ¡estoy bien, y voy de camino!".

Cuando comencé a estudiar la Palabra de Dios hace más de treinta años pensaba: "¿Cómo puede una persona necesitar tanto cambio como yo?". Ahora, después de todos estos años me pregunto: "¿Cómo puede una persona haber cambiado tanto?". Pero también me pregunto si el proceso ha terminado, porque sigo necesitando cambios cada día. Hace treinta años eso me frustraba, pero hoy día no me molesta en absoluto. Le doy gracias a Dios por lo que Él me muestra, lo recibo como un castigo amoroso de parte de Él y confío en que Él me cambié a su manera y a su tiempo.

La caja de herramientas de Dios

¿Qué usa Dios para cambiarnos? Él usa su Espíritu Santo, el Espíritu de gracia; también usa su Palabra y nuestras experiencias en la vida (Proverbios 3:13). Cada una de estas cosas es igualmente importante, y todas ellas obran en conjunto para moldearnos a la imagen de Jesucristo. He descubierto que cuando le pido a Dios que me ayude a amar a las personas incondicionalmente, puedo esperar encontrarme con personas que son difíciles de amar. Esa es la manera que Dios tiene de proporcionarme práctica. Si oro pidiendo paciencia, obtendré pruebas. Si oro pidiendo poder dar más, Dios me pedirá algo que quiero quedarme. Si oro para ser menos egoísta, descubro que las cosas en la vida no salen como yo quiero o como había planeado. Dios dice que seremos "transformados" a la imagen de Cristo; nos dijo que haríamos una oración y seríamos cambiados a su imagen. Es un proceso, y Dios usa muchas herramientas mientras obra su completa y perfecta voluntad en nosotros.

La mayoría de nosotros pasamos muchos años luchando en este proceso y buscando un camino menos doloroso, pero no hay cruces acolchadas en la vida. La cruz sin dolor no existe. Hemos de tomar (recibir) nuestra cruz y seguir el ejemplo de Jesús (Marcos 8:34). Para mí, eso sencillamente significa que debo aceptar las experiencias que Dios envíe a mi camino en la vida y creer que a medida que aplico su Palabra y sus principios a ellas, obrarán bien en mí. Cuando hacer lo correcto es difícil para nosotros, podemos decir: "La incomodidad que siento significa que estoy creciendo espiritualmente. Cuando aplicamos la Palabra de Dios a una circunstancia difícil en la vida y nos resulta fácil hacerlo, eso significa que ya nos hemos hecho espiritualmente fuertes en esa área. Hay cosas que antes era muy difícil para mí atravesarlas y permanecer emocionalmente estable y que actualmente no son difíciles en absoluto, y hay otras cosas que siguen siendo bastante desafiantes para mí. Esto me ayuda a localizar las áreas en las cuales aún necesito aprender y crecer.

Aprender a confiar en el método de Dios es una parte importante de capear los cambios en nuestra vida. Mi nueva escritura favorita es:

> *Cuando padecía, no amenazaba, sino que se entregaba a aquel que juzga con justicia.*
>
> 1 Pedro 2:23

Cuando Jesús era injuriado e insultado, no ofrecía insultos a cambio. Cuando recibió abusos y sufrimiento, Él no hizo ninguna amenaza de venganza; en cambio, se entregó a sí mismo y todas las cosas a Dios. Qué imagen más hermosa de descansar en Dios en medio de las circunstancias que la vida le lanzó.

¡Esa también es mi meta! Quiero permanecer igual, como Jesús hizo, a pesar de lo que las personas hagan o cuáles sean mis circunstancias. He recorrido un largo camino y aún me queda un largo camino por recorrer, ¡pero al menos tengo una meta!

Cuando Judas traicionó a Jesús, Jesús no cambió. Cuando Pedro le negó, no cambió. Cuando sus discípulos le defraudaron, no cambió. Él permaneció estable mientras arreciaban las tormentas de la vida, y su ejemplo ha cambiado el mundo y sigue cambiándolo cada día.

Busquemos este tipo de estabilidad santa, ¡pidiendo a Dios que nos moldee a imagen de Jesucristo!

No hay falta de poder en el cielo

Dios nunca se queda sin poder. Mientras sigamos recibiéndolo, Él sigue derramándolo. El apóstol Juan nos exhorta a permanecer en Cristo; a vivir, habitar y permanecer en Él. Apartados de Él no podemos hacer nada (Juan 15:5). Creámoslo y actuemos en consecuencia. Nuestro espíritu de independencia nos causa una gran cantidad de problemas y retrasos en la vida. Cuanto antes confiemos en Dios, más rápidamente obtendremos la ayuda que necesitamos. Él dice: "No tienen, porque no piden" (Santiago 4:2). Solamente el orgullo es lo que hace que sea tan difícil sencillamente decir: "Dios, no puedo hacer esto sin ti, ¡por favor, ayúdame!". Tenemos cierta necesidad desesperada de hacerlo nosotros mismos para poder apropiarnos del mérito, pero Dios no lo permitirá. Por mucho que luchemos y batallemos, Dios prevalecerá al final.

Había algo que le pedí a Dave que hiciera varias veces, y cada vez él decía que no quería hacerlo. Finalmente oré al respecto y lo dejé en manos de Dios, y recientemente observé a Dave haciendo precisamente lo que yo no había sido capaz de conseguir que hiciera. La influencia de Dios sobre las personas es siempre más eficaz que la nuestra. Cuando quieras ver algo cambiar en otra persona, ora al respecto sabiendo que Dios tendrá más éxito del que tú podrías tener nunca. ¡La gracia de Dios realizó el cambio en Dave que yo no pude lograr!

Podemos tener gracia, y podemos tener mayor gracia. Recibe toda la gracia que posiblemente puedas, y aún así solamente habrás usado suficiente para igualar una gota de agua del océano.

Recientemente tuve un resfriado terrible con mucha tos, y mi médico me recetó un medicamento para la tos con las instrucciones de tomarlo diariamente cuando lo necesitara. Yo no podía tomar suficiente medicina para ocuparme de la tos de mañana; ¡tenía que tomarla diariamente! Debemos tomar la gracia de la misma manera. Puede que tengas algo cerniéndose en el futuro que te asusta y te abruma, y te sientes totalmente inadecuado para poder afrontarlo. Todos tenemos cosas así en la vida, y sinceramente, no estamos preparados para manejarlo; pero cuando llegue el mañana, tendremos la gracia que necesitemos para hacer lo que tengamos que hacer. ¡Una fe que nos permite disfrutar del presente sin tener temor al mañana! No sé lo que pueda traer el mañana, pero lo que sí sé por la Palabra de Dios y las experiencias de la vida es que tendré suficiente gracia que me permita manejarlo con éxito, y lo mismo te sucederá a ti. Recuerda: "Gracia es el poder de Dios disponible para ti gratuitamente y que te capacita para hacer con facilidad lo que no podrías hacer por ti mismo con ninguna cantidad de lucha y esfuerzo". ¡Comienza a vivir en la gracia de Dios y a disfrutar cada segundo de tu vida!

Gracia es el hecho incomprensible de que Dios se agrada del hombre, y de que el hombre puede regocijarse en Dios.

Karl Barth

CAPÍTULO 17

Corre hacia Dios, ¡no te alejes de Él!

Torre fuerte es el nombre de Jehová; a él correrá el
justo, y será levantado.

Proverbios 18:10, RVR-1960

El temor al enojo nos hace alejarnos de quien imaginamos que está enojado con nosotros. Levanta un muro de separación entre nosotros, pero Dios nunca dice: "Aléjate de mí"; Él siempre dice: "Ven a mí". ¿No es gloriosa esa invitación? El Dios del universo, el Todopoderoso, el Principio y el Fin, el Autor y Consumador de todas las cosas hace una invitación a todos… "Ven a mí".

En cualquier condición en que puedas encontrarte en este momento o cualquier otro día de tu vida, la invitación de Dios es: "¡Ven!". Su invitación no requiere de nosotros que estemos en ninguna condición en particular para encontrarnos con Él. Si hemos sido buenos o malos, felices o tristes, contentos o enojados, la invitación sigue siendo sencillamente: "Ven". Podemos acercarnos tan frecuentemente como deseemos, y nunca encontraremos la puerta cerrada o que Dios no está en casa. Afortunadamente, cuando le llamamos su línea nunca está ocupada.

Yo tenía miedo al enojo de mi padre durante mi niñez, y recuerdo ocultarme de él cada vez que podía. Evitaba a propósito estar en la misma habitación donde él estaba siempre que me era posible. Su presencia me ponía tensa e incómoda, y aborrecía ese sentimiento. No podía relajarme ni disfrutar de nada. Cuando tenía una necesidad, siempre pedía ayuda a mi madre en lugar de a mi papá, o intentaba cuidar de mí misma antes de acudir a mi papá. Incluso me privaba de muchas cosas en lugar de pedirle ayuda. Afortunadamente, nuestro Padre celestial no es como muchos padres terrenales o como otras personas con las que tratamos en la vida. Él está siempre preparado para ayudar a todos aquellos que sencillamente "vienen".

> *Quizá sientas que no te mereces su ayuda, y lo cierto es que no la mereces. Ninguno de nosotros la merecemos, pero Él la ofrece de todos modos.*

¿Te estás privando de cosas que necesitas y deseas porque tienes temor a acercarte a Dios y sencillamente pedirle ayuda? Quizá sientas que no te mereces su ayuda, y lo cierto es que no la mereces. Ninguno de nosotros la merecemos, pero Él la ofrece de todos modos. Nos ayuda porque Él es bueno, no porque nosotros seamos buenos.

Cuando un niño está herido, lo primero que hace es correr hacia mamá o papá tan rápidamente como pueda, y si no puede correr, llora hasta que llega ayuda. Un niño no se preocupa por la última vez que fue malo, o si se merece la ayuda de mamá y papá. Tan sólo tiene una necesidad y automáticamente corre hacia quien puede satisfacerla. Deberíamos aprender a ser de esa manera. Un niño que tiene una buena relación con sus padres nunca pierde su deseo de correr hacia mamá o papá cuando la vida hace daño. Mis hijos adultos, que tienen edades comprendidas entre los treinta y dos y los cuarenta y seis años, lo siguen haciendo, y yo me siento honrada de que lo hagan. ¿Podrías imaginarte decir a uno de tus hijos: "No acudas a mí cuando sientas dolor. Estoy enojado contigo porque no has sido bueno"? Eso suena ridículo, y sabemos que nunca haríamos eso, entonces ¿cómo podemos llegar a pensar que Dios lo haría?

Jesús dijo: "¡Si alguno tiene sed, que venga a mí y beba!" (Juan 7:37). ¡Qué invitación tan abierta! Si tenemos cualquier necesidad, sencillamente podemos acudir a Él y sofocar nuestra sed. Parece que el único requisito para acercarse a Dios es tener necesidad. Jesús promete nunca rechazar a nadie que acuda a Él.

> *Todos los que el Padre me da vendrán a mí; y al que a mí viene, no lo rechazo.*
> Juan 6:37

¡Caramba! Qué distinta habría sido mi vida si yo hubiera podido tener esa confianza en mi padre terrenal. No tuve ese privilegio, al igual que muchos otros no lo tuvieron, pero afortunadamente tenemos un Padre al que podemos acudir ahora con la promesa de nunca ser rechazados; un Padre que es mucho mejor que incluso el mejor padre terrenal del mundo.

¿Estás cansado y agobiado?

La vida no es siempre tan amable con nosotros como nos gustaría que fuera. Hay personas que nos hacen daño, circunstancias que nos decepcionan, y hasta que aprendamos a entrar en el reposo de Dios, frecuentemente nos sentimos cansados. Aquí está una invitación abierta de parte de Jesús:

> *Vengan a mí todos ustedes que están cansados y agobiados, y yo les daré descanso.*
> Mateo 11:28

Cualquiera puede sencillamente venir. Hacerlo no requiere ningún talento especial; tan sólo necesitamos estar preparados para decir que necesitamos ayuda y después humillarnos y acudir al trono de la gracia de Dios y recibir mediante la fe la ayuda y el consuelo que necesitemos.

Jesús dice en versículos posteriores que Él es humilde, manso y sencillo, no es duro, cortante o agobiante. Él se asegura de que entendamos su naturaleza. Él es un Ayudador que se deleita en levantar a su pueblo. Cuando el hijo pródigo regresó a casa en Lucas 15, su padre estaba feliz; no tuvo la actitud del "ya te lo dije". No le dijo: "Sabía que malgastarías tu fortuna y regresarías arrastrándote hasta mí para pedirme ayuda". En cambio, vio a su hijo desde la distancia y corrió hacia él. Me encanta la imagen mental que proporciona esta historia.

El hijo decidió regresar a la casa de su padre, y cuando lo hizo fue recibido con favor y una bondad sin precedentes. Su padre le abrazó y le besó; ordenó que llevaran a su hijo la mejor túnica. De hecho, era la túnica festiva de honor la que le pusieron. Recibió un anillo, sandalias y una fiesta.

Parecería que el hijo pródigo que malgastó el dinero de su padre y le avergonzó al vivir una vida de pecado se merecía castigo, no una fiesta, ¡pero Dios es bueno incluso cuando nosotros no lo somos!

> *La misericordia le dio al hijo pródigo una segunda oportunidad, ¡la gracia le dio una fiesta!*
>
> Max Lucado

Quizá te hayas alejado de Dios en algún momento de tu vida, e incluso aunque has regresado, nunca te has sentido totalmente cómodo. Te preguntas si Dios está enojado contigo, y ese temor evita que entres plenamente

> *No tienes que pagar ninguna entrada para entrar a la fiesta de Dios. Después de todo, se ha dado en tu honor, así que sería una lástima si no acudieses.*

en su presencia y vivas la vida que Él quiere que vivas. Si es así, ¡entonces por favor cree que no tienes que sacrificar tu futuro a fin de pagar por tu pasado! Jesús ya ha pagado, y fue un pago completo. No tienes que pagar ninguna entrada para entrar a la fiesta de Dios. Después de todo, se ha dado en tu honor, así que sería una lástima si no acudieses.

Cierra los ojos por un momento e imagina las palabras escritas con letra gigante en tu vida: PAGADO POR COMPLETO. La Palabra de Dios nos dice que hemos sido comprados por precio, con la preciosa sangre de Cristo. No tenemos ninguna deuda porque todos nuestros pecados han sido pagados: pasados, presentes y futuros. ¡Es un buen sentimiento no tener ninguna deuda! Siente la libertad... ¡no la deuda! ¿Parece demasiado bueno para ser verdad? Claro que sí, pero te aliento a que lo creas de todos modos. Toma la palabra a Dios y disfruta de su presencia.

Estoy segura de que el hijo pródigo se sintió humillado por la extrema bondad de su padre, pero lo recibió y disfrutó. Habría entristecido a su padre si él se hubiese negado a aceptar su bondad. El amor siempre quiere dar, ¡y sólo puede ser satisfecho teniendo a alguien dispuesto a recibir! Pide y recibe para que tu alegría sea completa (Juan 16:24).

Cuando aprendemos a acudir a Jesús, también podemos aprender a vivir una vida de descanso en lugar de cansancio y lucha. Acudimos a Él en fe, creyendo que sus promesas son verdad y la puerta abierta para entrar en su reposo.

> *En tal reposo entramos los que somos creyentes.*
> Hebreos 4:3

El reposo de Dios no es un reposo del trabajo, sino en el trabajo. Es un reposo con el que vivimos mientras atendemos a las obligaciones de la vida. Confiamos, no nos preocupamos, no estamos ansiosos, echamos nuestra ansiedad sobre Dios y esperamos en Él. Hacemos lo que podemos hacer, pero nunca intentamos hacer lo que no podemos, porque eso es lo que nos agota. No es que no seamos tentados a intentar hacer esas cosas, pero decidimos no hacerlas. Finalmente aprendemos a tomar la vida día a día, y colaboramos con el Espíritu Santo en vivir cada día al máximo.

¿Has entrado en el reposo de Dios? Si no, lo único que tienes que hacer es "venir", ¡y como un niño pequeño, simplemente creer!

Acércate

Dios con frecuencia dice lo mismo de varias maneras diferentes tan sólo para asegurarse de que lo entendamos. Él hace la invitación a "venir", y también nos invita a "acercarnos". Supongo que podríamos venir y aun así quedarnos a cierta distancia, pero acercarse habla de intimidad, y esa es la voluntad de Dios para nosotros en nuestra relación con Él.

Tenemos un sumo sacerdote que entiende nuestras debilidades. Jesús fue tentado en todos los aspectos que somos tentados nosotros, y aunque Él nunca pecó, sí nos entiende (Hebreos 4:15). Él entiende y hace una invitación a acercarnos.

Así que acerquémonos confiadamente al trono de la gracia para recibir misericordia y hallar la gracia que nos ayude en el momento que más la necesitemos.
Hebreos 4:16

Podemos ver por este pasaje que es la voluntad de Dios que nos acerquemos sin temor a Él, que no huyamos de Él. La distancia es una asesina de la relación. No fuimos creados para servir al Señor acobardados en la distancia; fuimos creados para vivir en una relación de amor con Él. ¡De cerca y personal!

La invitación para nosotros es que nos acerquemos. El camino ha sido abierto para que nosotros entremos y salgamos libremente.

En él, mediante la fe, disfrutamos de libertad y
confianza para acercarnos a Dios.

Efesios 3:12

San Agustín dijo: "Recuerda esto. Cuando las personas deciden alejarse de una fogata, el fuego sigue dando calor, pero ellas tienen frío. Cuando las personas escogen alejarse lejos de la luz, la luz sigue siendo brillante por sí misma, pero ellas están en la oscuridad. Este es también el caso cuando las personas se alejan de Dios".

Yo creo que muchas personas están desesperadas por oír el mensaje que hay en este libro. Quieren creer que Dios no está enojado con ellas y que son bienvenidas a acercarse. Una anécdota de la breve historia de Ernest Hemingway "The Capital of the World" (La capital del mundo) hace entender el punto.

La relación de un padre y su hijo adolescente se había vuelto tensa hasta el punto de romperse. Finalmente, el hijo se fue de su casa; sin embargo, su padre comenzó un viaje en busca de su hijo rebelde. Finalmente, en Madrid, en un último esfuerzo desesperado por encontrarle, el padre puso un anuncio en el periódico. El anuncio decía: "QUERIDO PACO, reúnete conmigo delante de la oficina del periódico a mediodía. Todo está perdonado. Te quiero. Tu padre".

Al día siguiente a mediodía delante de la oficina del periódico, ¡se presentaron 800 "Paco"!

Hay incontables personas que quieren desesperadamente saber que Dios no está enojado con ellas y que todo está perdonado. Dios no puede hacer otra cosa sino lo que ya ha hecho. Nosotros ahora debemos aceptar su amable invitación a "acercarnos" y recibir la ayuda y la sanidad que necesitamos. El fuego del amor de Dios siempre brillará con fuerza, pero es decisión nuestra si nos sentimos con calor o con frío. "Ven", y caliéntate al lado del fuego del amor incondicional de Dios.

El temor causa retirada

Hay quienes se alejan y se quedan en la desgracia eterna porque no creen que pueden acercarse. Yo fui una de esas personas durante mucho tiempo. Diariamente, algo me separaba de Dios, pero era el engaño por mi parte lo que permitía que fuese de esa manera. La invitación de Dios estaba abierta para que yo me acercara; sin embargo, me retiraba debido al temor que tenía a enfrentarme a Él. La conciencia de nuestras imperfecciones hace que nos retiremos.

Dave y yo tenemos cuatro hijos adultos, y en diferentes ocasiones cada uno de ellos ha pensado en por qué sigue siendo tan importante para ellos incluso como adultos agradarnos. Yo he visto a uno de nuestros hijos planear un viaje para nosotros y estar un poco nervioso durante todo el viaje por si algo no salía bien para mí y para su papá y quedáramos decepcionados con él. Fueron necesarios años para convencerle de que lo único que esperábamos era que él hiciera todo lo que pudiera y que si algo salía mal, no estaríamos enojados con él.

Una de mis hijas ha hablado conmigo de su necesidad de tener nuestra aprobación aunque es una mujer adulta con hijos propios. Yo creo que es algo muy natural querer agradar a los padres. Yo me encuentro intentando hacerlo al ser una mujer de sesenta años, y mis padres y yo ni siquiera teníamos una relación cercana. Mi mamá está en una residencia para ancianos y yo me ocupo de ella, pero he descubierto que cuando ella no está contenta con alguna cosa, tengo que resistir el pensamiento de que yo tengo que mantenerla contenta todo el tiempo. Estoy comprometida a satisfacer sus necesidades legítimas, pero su gozo es responsabilidad de ella y no mía. Sé que no necesito su aprobación, pero algo dentro de mí aún la quiere. Si nos sentimos de ese modo con padres imperfectos, ¿cuánto más nos sentiremos así con Dios? Queremos agradarle; queremos su aprobación, y debemos entender que la tenemos como un regalo mediante nuestra fe en Jesucristo.

Si seguimos intentando ganarnos la aprobación de Dios por nuestras propias obras de bondad, siempre tendremos algo que nos separe de Él. Pero si acudimos a Él solamente por la fe, confiando en su bondad, entonces encontraremos una política de puertas abiertas y la libertad para entrar en cualquier momento.

Yo tengo un cartel sobre una mesa en mi oficina que dice en grandes letras mayúsculas: CREE. Y lo hago para recordarme a mí misma que eso es lo que Dios quiere de mí. Él quiere que confíe en Él, ponga mi fe en Él y crea su Palabra. Cuando creemos de todo corazón, eso nos conduce a la obediencia.

Se podría decir que la contraseña para entrar en la presencia de Dios es YO CREO. No permitas que el temor a tus propias imperfecciones te mantenga fuera de la presencia de Dios por más tiempo. Corre hacia Él, no huyas de Él. Él tiene todo lo que necesitamos, y lo ofrece gratuitamente a quien quiera "venir".

CAPÍTULO 18

¿Qué haremos en cuanto al pecado?

Es imposible que el hombre sea liberado del pecado antes de que lo aborrezca.

Ignacio

Aunque sabemos que toda forma de pecado puede ser perdonada, y no hay cantidad alguna de pecado que pueda evitar que tengamos una maravillosa relación con Dios, aun así tenemos que seguir abordando nuestro pecado. ¿Qué haremos al respecto? ¿Cuál debería ser nuestra actitud hacia él? Yo creo que debemos aborrecerlo al igual que Dios lo aborrece, y que debemos resistirlo firmemente en el poder del Espíritu Santo. No podemos estar llenos del Espíritu de Dios y quedar satisfechos con una vida de pecado. Aunque deberíamos aborrecer el pecado, nunca deberíamos aborrecernos a nosotros mismos debido a que pecamos. Dios aborrece el pecado, ¡pero ama a los pecadores!

Sólo un creyente maduro es capaz de confrontar claramente su pecado y no sentirse condenado. Sabemos que el pecado es una realidad que tenemos que tratar diariamente, de modo que ¿cómo podemos tratarlo y no quedar consumidos por su realidad? Yo creo que es sólo al creer firmemente que Dios es mayor que nuestro pecado, y al reconocer que el pecado es parte de la condición humana.

*Porque la paga del pecado es muerte, mientras que
la dádiva de Dios es vida eterna en Cristo Jesús,
nuestro Señor.*

Romanos 6:23

*Pues todos han pecado y están privados de la gloria
de Dios, pero por su gracia son justificados gratuitamente mediante la redención que Cristo Jesús
efectuó.*

Romanos 3:23-24

Podemos ver por estas escrituras que el pecado es un problema para todos, pero Jesús es también la respuesta para
todos. Ningún problema es realmente un problema mientras
haya una respuesta para él. No sólo estamos privados de la
gloria de Dios, sino que también según Romanos 3:23 estamos privados en el presente. Esto indica que es un problema continuo; sin embargo, Jesús está continuamente a la
diestra del Padre haciendo intercesión por nosotros, de modo
que este problema continuo del pecado tiene una respuesta
continua e ininterrumpida. ¡Aleluya!

Cada día, nuestra determinación debería ser no pecar. Yo
comienzo el día pidiendo la ayuda de Dios para vivir una
vida recta. Hablo con Él sobre varias cosas que son debilidades para mí. Le pido que me fortalezca para que sólo
pueda pensar pensamientos y hablar palabras que sean agradables a Él. Oro para que no sea engañada por el diablo ni
atraída hacia sus trampas. No me limito a dar por sentado
que no pecaré, sino que pido la ayuda de Dios.

Según el Diccionario Expositivo Vine de palabras del Antiguo y Nuevo Testamento, pecar significa "errar el blanco".
Es el término más común para la oblicuidad moral (des-
viarse de una línea recta). El pecado es un acto de desobediencia a la ley divina, una transgresión. Otros términos
para pecado incluyen: desobediencia, error, falta, iniquidad,

transgresiones e impiedad. La Biblia afirma que todo lo que no es de fe es pecado. ¡Caramba! Eso incluye muchas cosas para la mayoría de nosotros. Cualquier cosa que decidamos hacer con una actitud distinta a la de una fe completa es pecado. No es extraño que necesitemos ser continuamente perdonados. Estoy ciertamente contenta de que Jesús se haya ocupado del problema del pecado, ¿y tú?

Aunque trato el pecado, no estoy centrada en él. Te aliento encarecidamente a que tú tampoco lo estés. Nunca vencemos el pecado al centrarnos en él. Cuando somos convencidos de pecado, deberíamos admitirlo, arrepentirnos y después dirigirnos hacia Jesús. Al enfocarnos en Él y en su Palabra recibiremos el poder para vencer. Por ejemplo, si una persona tiene un temperamento terrible, no le ayudará enfocarse continuamente en su temperamento, pero le ayudará si medita en el hecho de que Jesús ya le ha dado su paz (Juan 14:27). En lugar de pensar: "Soy una persona enojada que tiene un mal temperamento", puede pensar: "Tengo la paz de Dios que habita en mí y voy a dejar que gobierne y dirija en mi vida" (Colosenses 3:15).

La Palabra de Dios nos enseña a alejarnos de todo lo que nos distraiga de acudir a Jesús, quien es el autor y consumador de nuestra fe (Hebreos 12:2). El apóstol Pablo enseña que si caminamos en el Espíritu no daremos satisfacción a los deseos de la carne. Siempre enfócate y medita en hacer lo correcto, no en lo que has hecho mal, pero no ignores el pecado.

Un problema que el hombre tiene es ignorar su pecado y el otro es enfocarse en él. Debemos tratarlo rápidamente y confiar en que Dios nos ayude a vencerlo. Hoy día estoy preocupada porque la actitud que muchos adoptan hacia el pecado no es bíblica, y es incluso peligrosa. Muchas personas ni siquiera se refieren a su pecado como pecado. Es su complejo, problema, atadura, adicción, o en algunos casos su derecho. Por ejemplo, con frecuencia oímos que cada individuo tiene derecho a decir lo que quiera decir y siempre que quiera decirlo. Lo llamamos libertad de expresión, pero Dios nos dice claramente que sujetemos nuestra lengua y no hablemos cosas malas. Algunos sienten que la mujer tiene derecho a terminar con un embarazo al abortar, pero Dios nos enseña claramente que los hijos son una bendición del Señor y que solamente Él puede dar y quitar la vida. No podemos crear nuestras propias reglas con respecto a lo que es correcto o incorrecto para hacerlo encajar en el estilo de vida que preferimos, y seguir esperando que las bendiciones de Dios abunden en el mundo.

Vemos los resultados de esta actitud relajada hacia el pecado en nuestra sociedad actualmente. Estamos viviendo en una sociedad cada vez más inmoral que tiene muchos graves problemas. He visto tal declive en tan sólo cincuenta años que sinceramente no puedo imaginar cómo será nuestro mundo dentro de otros cincuenta años a menos que las personas se despierten y regresen a Dios y a los caminos de Él.

No podemos ser responsables de lo que hace cada persona, pero debemos ser responsables de nuestra propia actitud, y es importante para mí dejar claro que nuestra actitud hacia el pecado debe ser la misma que la de Dios. Él lo aborrece, le entristece, y su intención es que trabajemos progresivamente con Él para vencerlo, sabiendo al mismo tiempo que Él nos ama incondicionalmente y siempre está preparado y dispuesto a perdonarnos y fortalecernos. Dios no quiere que pongamos excusas a nuestro pecado, sino que quiere que lo afrontemos y le permitamos a Él que nos libere.

Cómo manejar la tentación

Si el diablo no nos tentase, las cosas serían mucho más fáciles; pero eso no va a suceder nunca, así que necesitamos ir un paso por delante de él. La tentación es una parte de la vida. Jesús en su oración modelo les dijo a sus discípulos que orasen para no entrar en tentación. No les dijo que orasen para que nunca fuesen tentados, porque Él sabe que eso no es posible; pero sí les dijo que orasen para que cuando fuesen tentados, fuesen capaces de resistir.

Jesús fue tentado en todos los aspectos como nosotros. Él fue tentado por el diablo mientras pasaba cuarenta días y noches en el desierto (Lucas 4). El apóstol Santiago nos dice que bendito el hombre que SOPORTA la tentación, porque cuando sea tentado, recibirá la corona de la vida (Santiago 1:12). ¡Me gusta decir que soportar significa sobrevivir al diablo! Él nos presiona esperando que cedamos a la tentación de hacer lo incorrecto, y nuestra parte es resistirle en el poder del Espíritu Santo.

¡La tentación no es pecado! Es muy importante que creamos eso. Si vemos cada tentación como pecado, puede que sintamos que somos personas terribles llenas de deseos impíos. Precisamente hoy alguien me irritó, y fui tentada a acudir a otra persona y contárselo. Realmente quería hacerlo, pero sabía que Dios quería que mantuviera mi boca cerrada y cubriese la debilidad de quien me ofendió. Durante algunas horas yo seguía queriendo repetir lo que había visto, pero cuando resistí firmemente el impulso se fue haciendo cada vez más débil y después me abandonó. ¿Soy una mala persona porque quise difundir un rumor? No, en realidad fue una victoria para mí el no haber cedido a la tentación. Somos tentados de muchas maneras regularmente. La Palabra de Dios nos enseña que no hay tentación que llegue que a nosotros y que no sea común para el hombre o esté por encima de la resistencia humana, y que Dios es fiel y siempre nos proporcionará una salida (1 Corintios 10:13).

Todos tenemos cosas que son una tentación para nosotros. Para algunos es una cosa y para otros es otra diferente. Yo nunca soy tentada a robar en un supermercado, pero soy tentada a decir cosas que no debería decir, al igual que a ser impaciente y también otras cosas. Es bueno conocer nuestras propias debilidades de modo que podamos orar de antemano para ser fortalecidos antes de que nos enfrentemos a la tentación. Una persona puede ser tentada en el área del sexo, de la mentira o de usar malas palabras, y otra puede que sea tentada a comprar cosas que no puede permitirse pagar, a engañar en los impuestos o a ignorar un compromiso. La lista de tentaciones que el diablo domina es interminable, pero te insto a recordar que la tentación en sí misma no es pecado; sólo se convierte en un problema si cedemos y permitimos que dé a luz al pecado (Santiago 1:12-15).

Si la tentación es continua y atormentadora, entonces puede que requiera cierta ayuda o ministerio, pero las tentaciones diarias normales son parte de la vida. El diablo nos tienta, nosotros les resistimos y él huye para esperar otro momento oportuno para volver a intentarlo (Lucas 4:13).

Pruebas que nos tientan

La tentación llega de muchas formas, y una de las maneras en que llega es durante las pruebas y tribulaciones. Con frecuencia somos tentados a tirar la toalla, a tener una mala actitud o a enojarnos con otras personas. Esas malas actitudes deberían ser resistidas en el poder de Dios. Siempre vemos nuestro verdadero carácter con claridad en los momentos difíciles. Dios les dijo a los israelitas que Él les dirigió cuarenta años en el desierto a fin de humillarles y probarles, para ver si guardarían sus mandamientos (Deuteronomio 8). Es fácil pensar que nos comportaríamos de cierta manera cuando no hay ninguna presión sobre nosotros, pero ser probados y pasar la prueba demuestra el verdadero carácter de un hombre. Jesús pasó todas sus pruebas, y en oración nosotros pasamos cada vez más pruebas propias todo el tiempo. Sabemos que no tendremos un historial perfecto, pero una cosa buena sobre el método de prueba de Dios es que Él nunca tira la toalla con nosotros y recibimos tantas oportunidades como necesitemos.

Aunque Dios nos prueba, Él nunca nos tienta a pecar. Según la Escritura, somos tentados cuando somos seducidos por nuestros propios deseos y pasiones malvados (Santiago 1:13-14). Podríamos decir que las pruebas sin duda alguna nos muestran nuestras áreas débiles, y eso puede ser algo bueno, porque cualquier cosa que sea sacada a la luz puede ser abordada.

Muchas personas no se conocen a sí mismas en absoluto, y tienen una estima más alta de ellos mismos de la que debieran. Puedo recordar ver a otros ceder a la tentación y pensar con orgullo: "Yo nunca haría eso". Pero cuando fui probada por mis circunstancias, descubrí que tenía debilidades que no sabía que tenía. Llegar a conocer mis debilidades me permite orar de antemano por la continua fortaleza de Dios para resistirlas. Cuanto más nos apoyemos en Dios, más victoria disfrutaremos.

Jesús resistió la tentación

En el huerto de Getsemaní, Jesús sintió una tremenda presión y la tentación de alejarse de la voluntad de Dios. Oró tan intensamente que sudó grandes gotas de sangre. Eso sí es orar en serio. Él oró hasta obtener la victoria, y al final dijo que aunque prefería ser liberado de las cosas que tenía por delante, estaba dispuesto a someterse a la voluntad de su Padre en todas las cosas. Esto nos da un buen ejemplo a seguir. El que no queramos hacer algo que Dios nos pide que hagamos no significa que podamos ser excusados de hacerlo. Perseverar y hacer lo correcto, especialmente cuando no tenemos ganas de hacerlo, desarrolla madurez espiritual en nosotros.

Jesús quería que sus discípulos le ayudasen a orar, pero

ellos se quedaron dormidos. Él sabía que también ellos serían tentados, y quería que fuesen fortalecidos de antemano, pero ellos dormían. Me pregunto cuántos de nosotros dormimos cuando deberíamos levantarnos un poco más temprano para ser fortalecidos contra las tentaciones que el diablo ha planeado para nosotros ese día. Jesús dijo: "El espíritu está dispuesto, pero la carne es débil". Puede que queramos hacer lo correcto, pero debido a la debilidad en la carne no podemos suponer que lo haremos. No nos atrevamos a confiar demasiado en nosotros mismos, sino en cambio deberíamos aprender a apoyarnos fuertemente en que Dios sea nuestra fortaleza.

Si Pedro hubiese orado, quizá podría haber evitado el trauma de negar a Cristo tres veces.

Utilizar precauciones

El libro de Salmos comienza enseñando al lector que no se quede sentado inactivo en el camino de los pecadores. Si no estamos agresivamente resistiendo el pecado, bien podríamos ser arrastrados a él. La pasividad o inactividad es algo muy peligroso. Debemos ejercitar nuestra voluntad para decidir lo correcto y no suponer meramente que podemos quedarnos sentados con personas malvadas y no ser infectados. Eso no significa que debamos evitar por completo a los pecadores. La verdad es que ellos necesitan nuestra presencia y nuestro testimonio en sus vidas, pero sí necesitamos tener cuidado. Siempre digo que estemos seguros de estar afectándoles a ellos y de que ellos no nos infecten a nosotros.

El apóstol Pablo les dijo a los corintios que no se asociaran demasiado íntimamente con quienes no vivían en el camino recto (1 Corintios 5:9-11). Una relación casual puede ser aceptable, pero no una relación íntima. Puedes ser amigo de alguien en el trabajo que vive una vida inmoral, pero formar una asociación íntima y regular no sería sabio.

Otra cosa que deberíamos evitar es sentirnos superiores cuando vemos pecar a otras personas, porque esa actitud equivocada abre una puerta para una caída moral por nuestra parte (Gálatas 6:1).

> *«Todo me está permitido», pero no todo es para mi bien. «Todo me está permitido», pero no dejaré que nada me domine.*
>
> 1 Corintios 6:12

Esta escritura siempre me recuerda que normalmente no somos tan fuertes como nos gustaría pensar que somos. Deberíamos orar por aquellos a quienes vemos pecar y decir: "Si no fuese por la gracia de Dios, ahí estaría yo". En el momento en que pensamos: "Yo nunca haría eso", es cuando invitamos al diablo a nuestras vidas para que nos avergüence y nos asombre con nuestra propia conducta.

Hemos de evitar incluso lo que parece malo (1 Tesalonicenses 5:22). Deberíamos vivir con cuidado; no con temor, sino con cuidado. Podemos vivir una vida inmensa y libre, disfrutar de gran cantidad de libertad y al mismo tiempo vivir con cuidado. Nos cuidamos de cómo nos relacionamos con las personas del sexo opuesto, especialmente cuando una o ambas partes están casadas. Por ejemplo, una vez tuve un empleado que comenzó a llevar rosquillas cada mañana para una de las empleadas de la oficina. Ambos estaban casados, y los actos de él me hacían sentirme incómoda. Le dije que si quería llevar rosquillas, podía llevarlas para todos pero no escoger a una mujer en particular a quien mostrarle favor. Al confrontar esa situación, puede que haya salvado a los dos de algo más trágico más adelante.

No proveas para la carne (Romanos 13:14). Si no quieres hacer un pastel y comértelo, entonces no tengas en tu casa una caja de mezcla para pastel. Si no quieres comer postre, no vayas a la pastelería y te quedes mirando todos los pasteles.

Si un hombre anteriormente había sido adicto a la pornografía, sería sabio para él rendirle cuentas a alguien con respecto a qué páginas web podría tener acceso en su computadora. Debería incluso evitar mirar fotografías en revistas de anuncios que llegan a su hogar y que puede que contengan fotografías de mujeres vestidas con escasa ropa interior. Debemos ser agresivos contra la tentación y no limitarnos a suponer que no tendremos ningún problema. Dios nos dice que nos alejemos por completo del mal, así que no nos atrevamos a flirtear con él pensando que no será un problema para nosotros.

Mantén lejos de tu mente todo lo que pudiera convertirse en problemas para ti. Es peligroso pensar que mientras algo esté sólo en los pensamientos no es un verdadero problema. Todos los verdaderos problemas comienzan en la mente. ¡Nunca podemos hacer una cosa a menos que primero la pensemos!

Al mismo tiempo que el diablo nos tienta a hacer el mal, Dios nos tienta a hacer el bien. ¿A qué tentación cederás? Estamos muertos al pecado, pero el pecado no está muerto; está vivo y bien en el planeta tierra, y hay que abordarlo. Resiste el pecado y ríndete a la justicia. Sé un canal mediante el cual Dios obre en lugar de proporcionar al diablo un instrumento para que lo use para el pecado. Cuando cometas un error, recibe el perdón de Dios y sigue adelante, pero no te quedes satisfecho con permanecer en el punto donde estás.

¡Dios está a favor del progreso! Disfruta de donde estás de camino hacia donde te diriges, ¡pero sí asegúrate de estar dirigiéndote a algún lugar! Yo sin duda alguna cometo errores cada día, pero también he recorrido un largo camino. No me acerco ni siquiera a hacer tanto mal como hace diez años o cinco años, o incluso el año pasado, y no espero estar cometiendo tantas equivocaciones en esta época del próximo año como cometo ahora. Estoy enfocada hacia delante. Suelto lo que queda atrás y prosigo hacia cosas mejores, y creo que esa es también tu actitud. Jesús no quedará defraudado en su segunda venida si aún no hemos llegado, ¡pero estaría triste si no nos encontrase prosiguiendo!

CAPÍTULO 19

Sentirse cómodo con Dios

Si alguien reconoce que Jesús es el Hijo de Dios, Dios
permanece en él, y él en Dios.

1 Juan 4:15

Dios quiere que nos sintamos en casa con Él. Su Palabra nos dice que nosotros somos su hogar y que Él es nuestro hogar. Casi todo el mundo se siente cómodo en su propia casa; es el lugar donde podemos quitarnos los zapatos, ponernos ropa cómoda y ser nosotros mismos. ¿Te sientes cómodo con Dios? ¿Te sientes cómodo contigo mismo? Deberías estarlo, y si no lo estás, entonces localicemos el problema.

No estaremos cómodos con Dios si tenemos temor a que Él esté enojado con nosotros. Espero que hayamos establecido que Él no está enojado y podamos poner eso a nuestras espaldas. No estaremos cómodos con Dios si tenemos un temor equivocado de Él. Oímos sobre el temor del Señor, y algunos corren el peligro de entenderlo mal. No debemos tener miedo a Dios, porque no hay nada de lo que tener miedo. Nada puede separarnos de su amor, y Él ha prometido no dejarnos ni abandonarnos nunca. Temer a Dios de manera adecuada significa tener tal reverencia por Él que cause una gran influencia en nuestro modo de vivir la vida. El temor de Dios es respetarle, obedecerle, someterse a su disciplina y adorarle en reverencia. El temor reverencial de Dios significa que sabemos que Él es poderoso y siempre justo y recto en todos sus caminos.

¿Cómo podemos encontrar el equilibrio entre entrar

confiadamente delante del trono de la gracia y a la vez mantener el temor de Dios? Es bastante sencillo si entendemos lo que es un temor correcto y un temor incorrecto. Temer a Dios es una cosa, pero tener miedo de Dios es otra distinta.

Parece haber una tendencia en la cultura cristiana a irse a los extremos. Una perspectiva de Dios carece de respeto (o temor adecuado) y se refiere a Jesús como "mi colega", o ve a Dios no superior a un Santa Claus cósmico. Sin embargo, otra perspectiva le describe como legalista, duro y casi imposible de agradar. No hay temor contra paranoia; ambos son equivocados.

Queremos buscar una reverencia adecuada y un temor de Dios en contraste con un terror de Dios.

Me llevó mucho tiempo ser capaz de decir sinceramente que me siento cómoda con Dios. Es un sentimiento maravilloso y que nunca quiero perder. Pasar tiempo con Dios para mí es como estar delante de una chimenea con mi pijama más cómodo puesto. Puedo ser sincera con Él, y puedo dejar que Él sea sincero conmigo. Puedo ser totalmente yo, sin ningún fingimiento ni temor a ser rechazada.

Dile a Dios todo

Te aliento a que hables con Dios absolutamente de todo. Puedes decirle cómo te sientes, lo que deseas y cuáles son tus metas. Dile lo que amas con respecto a Él y con respecto a tu vida, y expresa tu gratitud por todo lo que Él ha hecho por ti. Puedes hablarle de las cosas en tu vida que no te gustan o que son difíciles para ti. Dile lo que has hecho mal, y habla con Él de todas tus preocupaciones acerca de ti mismo, de tu vida y de tus seres queridos. Puedes hablarle a Dios absolutamente de cualquier cosa y Él nunca queda asombrado o sorprendido, porque lo sabía todo al respecto antes de que incluso tú lo hicieras.

No recomiendo una sesión de quejas, pero sí recomiendo sinceridad. Dios de todos modos sabe cómo nos sentimos, así que no decírselo no es ocultarlo de Él. Necesitamos verbalizar a causa de nosotros mismos. Necesitamos desahogarnos, o expresarnos, y siempre es mejor hacerlo con Dios que con ninguna otra persona.

> *Dios de todos modos sabe cómo nos sentimos, así que no decírselo no es ocultarlo de Él. Necesitamos verbalizar a causa de nosotros mismos. Necesitamos desahogarnos, o expresarnos, y siempre es mejor hacerlo con Dios que con ninguna otra persona.*

Puede que encuentres soluciones a tus problemas más fácilmente si eres más sincero y abierto con respecto a ellos. También, asegúrate de escuchar lo que Dios te dice bien sea mediante su Palabra o como una revelación directa a tu corazón. La comunicación es una calle de dos sentidos. No consiste en que una persona sea la única que hable mientras la otra sea la única que escuche. Puede que tengas que desarrollar la capacidad de escuchar, como yo hice. Yo siempre era mejor al hablar que al escuchar, pero Dios tiene algunas cosas muy sorprendentes que decir si aprendemos a escucharle.

Dios nos ha invitado a una relación de comunión con Él. Ha de ser una relación íntima en la cual compartamos absolutamente todo.

Dios no es alguien a quien visitamos durante una hora del domingo en la mañana y al que ignoramos el resto de la semana a menos que tengamos una emergencia. Él es alguien con quien vivimos. Él es nuestro hogar, y debemos sentirnos cómodos con Él.

¡La religión nos hará enfurecer! Con religión me refiero a un sistema que nos da normas y regulaciones a seguir y prescribe castigos cuando fallamos. Si buscamos a Dios mediante la religión estamos condenados al fracaso, porque ninguno de nosotros puede seguir todas las reglas, y con el tiempo nos cansamos de castigarnos a nosotros mismos y sencillamente abandonamos. Mi padre tenía muchas reglas, y yo nunca sabía cuáles se estaban aplicando en un día en particular; por tanto, me sentía tensa en su presencia porque nunca sabía cuándo podría estar haciendo algo equivocado. Estoy agradecida por la libertad que disfruto en mi relación con Dios. Una relación que está a disposición de cada uno de nosotros.

Confía en Dios en todo momento

Las buenas relaciones se construyen sobre la confianza, y Dios quiere que decidamos confiarnos a Él nosotros mismos y todo lo demás en nuestras vidas. Dios es fiel y es imposible que nos falle. Podríamos percibir que algo es un fracaso si no llegamos a lo que queremos, pero Dios no puede fracasar. Puede que Él tenga algo mejor en mente para nosotros y sencillamente aún no sabemos cómo pedírselo. Dios tiene solamente nuestro beneficio y bienestar en su plan para nosotros, y la mejor política es siempre relajarnos y confiar en Él.

Yo creo que Dios confía en nosotros. No creo que Él sienta tensión al pensar en lo que podamos o no podamos hacer. Él lo sabe todo sobre nosotros incluso antes de que hayamos nacido, y aun así nos invita a tener una relación con Él. Él le dijo a Jeremías que antes de que naciese le conocía y le aprobó como su instrumento escogido. ¿Cómo puede ser? Jeremías no era perfecto; de hecho, tenía que tratar el temor y la inseguridad. Dios no requiere que seamos perfectos; su único requisito es que creamos en Él, que es otra manera de decir que confiamos en Él. Si le damos a Dios nuestra total confianza, no hay límite alguno para lo que Él puede hacer por medio de nosotros y por nosotros.

Confía en los caminos de Dios y en su tiempo. No son como los nuestros, pero nunca tienen error. Dios normalmente no llega temprano, pero sin duda nunca llega tarde. Su tiempo es impecable. Con bastante frecuencia Dios podría dirigirnos por una ruta más fácil para llevarnos donde quiere que terminemos, pero puede que escoja una ruta más larga y más difícil porque hay cosas que necesitamos aprender a lo largo del camino. Aprendamos a dar gracias a Dios por todos los momentos en nuestra vida y por cada período. El invierno es sólo tan valioso como la primavera. Todas las cosas obran para el bien de quienes aman a Dios y son llamados conforme a su propósito (Romanos 8:28). Ser capaz de creer este versículo de la Escritura te conducirá a un descanso y paz inimaginables.

La confianza es una cosa hermosa, y nos ahorra una gran cantidad de problemas emocionales y mentales. El temor suspicaz es una puerta abierta para el tormento. Confiar es algo que decidimos hacer, no algo que necesariamente sentimos. Siempre que confiamos en una persona, entendemos que podemos ser defraudados o heridos, pero cuando decidimos confiar en Dios no es ese el caso. La confianza es lo que hace que una relación sea cómoda. Ponemos nuestro dinero en un banco porque tiene una buena reputación y decidimos confiarle nuestro dinero. Dios tiene una reputación mucho mejor que incluso el mejor banco del mundo, de modo que sin duda podemos decidir depositarnos a nosotros mismos en Él y poner nuestra total confianza en su Palabra.

Tan sólo piensa que siempre puedes confiarle a Dios tus secretos. ¡Él no se los contará a nadie! Puedes confiar en que Él siempre entiende todo acerca de ti, porque te entiende mejor de lo que tú mismo te entiendes. Puedes confiar en que Él nunca te rechaza, que siempre está a tu favor, que siempre está de tu lado y que te ama incondicionalmente. Él es misericordioso con nuestras debilidades y más paciente de lo que podamos imaginar jamás.

Verdaderamente podemos decir: "Qué Amigo tenemos en Jesús".

Creo que el correcto temor del Señor comienza con confiar en Él, y crece a partir de ahí.

Crece hasta que consume la vida por completo.

Paul David Tripp dijo: "Temer a Dios significa que mi vida está estructurada por un sentimiento de reverencia, adoración y obediencia que fluye de reconocerle a Él y su gloria. Él se convierte en el punto de referencia más importante para todo lo que yo deseo, pienso, hago y digo. Dios es mi motivo y Dios es mi meta. El temor de Dios ha de ser la fuerza organizadora central en mi vida".

Dios lo es todo, ¡y nosotros no somos nada sin Él! Él es un fuego consumidor (Hebreos 12:29). Él consume todo en nosotros que no sea coherente con su voluntad y hace arder todo lo demás para su gloria. ¿Estás preparado para ese tipo de rendición? Si es así, ¡entonces tienes un sano temor del Señor!

Ninguna habitación cerrada

Con frecuencia vemos habitaciones en una casa que siempre tienen la puerta cerrada y nadie entra ni sale. Si no es nuestra casa, puede que nos preguntemos qué hay detrás de esa puerta. ¿Es algo que a nadie se le permite ver? ¿Son cosas almacenadas e inútiles que nadie tiene la valentía de tirar? ¿Es una habitación llena de secretos? ¿Tienes alguna habitación en tu vida que esté cerrada para Dios? Cuando Dios toca ciertas cosas en tu vida, dices. "¡Oh no, Dios, eso no!". No podemos estar totalmente cómodos con Dios y tener áreas secretas que mantenemos cerradas para Él. Él no forzará la entrada a esas áreas, pero sí quiere que tengamos la suficiente confianza en Él para invitarle a entrar.

Por muchos años yo mantuve la habitación de mi abuso sexual cerrada para Dios. No pensaba en ello ni hablaba al respecto; siempre estaba allí debajo de la superficie de mis pensamientos y emociones, pero la mantenía suprimida. Llegó el momento en que Dios estuvo listo para que yo lo abordase, y al principio dije firmemente: "No, no abordaré eso". Tenía en mis manos un libro que detallaba la historia de otra mujer que era un espejo de la mía, y mientras lo leía salieron a la superficie recuerdos que yo no quería mirar. Lancé el libro al otro lado de la habitación y dije: "No voy a leer este libro", y Dios dijo: "¡Ya es el momento!".

Cuando Dios dice que es momento de abordar algo, entonces el momento es correcto aunque no sintamos que lo es. Aquel día comencé a abrir la puerta de una habitación que había estado cerrada por muchos años, y aunque fue doloroso y difícil, resultó ser lo mejor que hice jamás. Nuestros secretos pueden hacernos enfermar, y Dios quiere que estemos sanos, así que asegúrate de invitarle a cada habitación en tu vida.

No tenemos que tener temor a que Dios vea algo que le haga enojar o que le asombre. Su deseo es recorrer la habitación contigo y llevar sanidad a lo largo del camino. Cuando yo recorrí el abuso sexual de mi pasado, tuve que confrontar cosas que había ocultado por mucho tiempo. Tuve que confrontar a mi papá y a mi mamá. Nunca habíamos hablado sobre el secreto en nuestra casa, y nos estaba haciendo enfermar a todos. Me gustaría decir que lo que encontré fue sinceridad y disculpas, pero en cambio me encontré con excusas, culpa y enojo. No resultó ser del modo en que yo quería que fuese hasta muchos años después, pero yo había hecho la parte que Dios me había pedido que hiciera, y eso comenzó una sanidad en mi alma.

Tuve que afrontar el triste hecho de que mis padres no me querían como los padres deberían querer a un hijo, y que era más que probable que nunca fueran capaces de hacerlo adecuadamente. Recuerdo mirarme en el espejo y decir en voz alta: "Joyce, tus padres no te aman, y nunca te amaron, pero Dios sí. Es momento de que disfrutes de lo que tienes y dejes de intentar conseguir algo que nunca tendrás". Aquello fue cierto tipo de liberación para mí; es una pérdida de tiempo intentar conseguir algo que ellos sencillamente son incapaces de darte.

Hubo muchas cosas como esa por las que Dios me llevó en los años siguientes, pero su momento fue siempre perfecto y cada paso aportó un poco más de libertad y sanidad. Te aliento firmemente a que permitas a Dios entrar en cada habitación de tu vida, y especialmente en aquellas de las que no estás orgulloso o tienes temor a afrontar.

Cuando tememos a Dios adecuadamente, nunca le negaremos acceso a cualquier área de nuestras vidas de la que Él quiera ser parte. El temor del Señor es el principio del conocimiento (Proverbios 1:7). Ni siquiera hemos comenzado a conocer nada hasta que aceptemos el lugar legítimo de Dios en nuestra vida, y por respeto y reverencia sometamos nuestra voluntad a Él en todas las cosas.

¿Sigues intentando dirigir tu propia vida? Si es así, te diriges hacia el desastre. Pon a Dios en el asiento del conductor y disfruta del viaje. Cuando pongamos a Dios en primer lugar entre todas nuestras prioridades, Él hará que nuestra vida sea mejor.

Rendición

Estoy aprendiendo a amar la palabra rendición. Significa que dejo de batallar con Dios y de resistirme a su voluntad. Puede que no me guste todo lo que Él está haciendo o su manera de hacerlo, pero puedo rendirme; puedo entregarme, y también puedes hacerlo tú. Algunas de las cosas que nos hacen daño en la vida podrían dejar de doler si las aceptásemos en lugar de resistirlas constantemente.

El esposo de María murió repentinamente y ella quedó devastada, como poco. Su dolor era trágico, y cuatro años después de su muerte seguía sintiendo tanto dolor como cuando estaba en el principio. Había llegado a estar deprimida, aislada y amargada porque la vida aparentemente no había sido justa con ella. María estaba en una cuesta abajo, y tenía una decisión que tomar. Podría seguir resistiéndose a lo que obviamente no podía cambiar, o podía cambiar su mente y decidir aceptarlo y confiar en que Dios sacaría algo bueno de ello. Cuando seguimos resistiéndonos a algo en lo que obviamente no podemos hacer nada, eso nos hace sentirnos desgraciados, pero podemos rendirnos y aceptar las circunstancias, y aunque nos siga doliendo, la rendición permitirá que comience la sanidad. Podemos encontrar un nuevo comienzo, un nuevo lugar donde comenzar. ¡No podemos seguir adelante hacia donde nos gustaría estar si nos negamos a afrontar donde estamos!

> ¡No podemos seguir adelante hacia donde nos gustaría estar si nos negamos a afrontar donde estamos!

Juan perdió su empleo después de treinta y cinco años en la empresa. Estaba enojado, y ese enojo le carcomía hasta que comenzó a afectar a todas sus relaciones personales. Se fue hundiendo cada vez más en la autocompasión y la depresión. ¿Qué podía hacer él? Las únicas cosas sanas que Juan podía hacer eran rendirse a la circunstancia, aceptarla y verla como una oportunidad para un nuevo comienzo. Al final comenzó un pequeño negocio propio y disfrutó de más libertad y prosperidad económica que nunca antes, pero las cosas podrían haber resultado de manera bastante distinta. Si Juan hubiese continuado negándose a rendirse a la situación con una buena actitud, podría haber perdido mucho más que su empleo.

La actitud de rendirse es también útil en situaciones diarias que tienden a frustrarnos. Digamos que voy a salir de viaje en avión y cuando llego al aeropuerto descubro que el viaje ha sido retrasado y nadie sabe por cuánto tiempo. Puedo sentarme y quedar frustrada, quejándome sobre la aerolínea todo el tiempo, o puedo rendirme a la circunstancia sobre la cual no puedo hacer absolutamente nada y disfrutar de la espera. Puedo hacer algo creativo o puedo realizar cierto trabajo que tenga que hacer. De cualquier manera estaré esperando, y yo soy quien decido con qué tipo de actitud espero.

¿Hay algo en tu vida a lo que sencillamente necesites rendirte y confiar en Dios? Si es así, no lo pospongas. Cuanto más esperes, ¡más tiempo permanecerás sintiéndote desgraciado!

Cada vez que nos resistimos a lo que solamente Dios puede controlar, salimos de la zona de comodidad con Él. Sentirse cómodo con Dios requiere caminar al ritmo de Él, y no empujar contra Él. Requiere rendición, no resistencia.

Por muchos años yo estuve incómoda con Dios, pero afortunadamente puedo decir hoy que me siento totalmente cómoda. No tengo miedo de Él, sino un temor reverencial. Confío en Él lo suficiente para someterme a lo que no puedo controlar y aceptar lo que Él permite en mi vida. Es mi oración que también tú encuentres y disfrutes ese lugar de comodidad. Dios es tu compañero de por vida, así que estar cómodo con Él debería ser una prioridad en tu vida.

CAPÍTULO 20

Crecimiento espiritual

Si un hombre no ejercita su brazo, no desarrolla músculo; y si un hombre no ejercita su alma, no adquiere ningún músculo en su alma, ninguna fuerza de carácter, ningún vigor de fibra moral, ni tampoco belleza de crecimiento espiritual.

Henry Drummond

Quizá tengas una bonita casa, que es hermosa e incluso admirada por quienes pasan por delante y la ven. Las personas ven la casa, pero no ven los cimientos; sin embargo, los cimientos son la parte más importante de la casa, porque sin ellos la casa no se mantendría en pie.

Muchos cristianos intentan construir una vida que sea poderosa y digna de admirar, pero no han tomado el tiempo para construir unos cimientos fuertes, y su vida se desmorona. Eso es lo que yo hice por muchos años, y lo mismo podría ser el caso para ti. Yo recibí a Cristo como mi Salvador y comencé de inmediato a intentar hacer buenas obras. Intentaba servir en la iglesia en diversos comités, intentaba ser paciente, intentaba amar a la gente, y muchas otras tareas nobles. En otras palabras, intentaba construir una vida espiritual y mostrar un carácter piadoso, pero no entendía que aún no tenía unos cimientos sólidos. No conocía el amor incondicional de Dios por mí, me sentía culpable y condenada la mayor parte del tiempo, no sabía cómo recibir la misericordia de Dios, no entendía la doctrina de la justicia, y definitivamente sentía que Dios estaba enojado conmigo. No podía experimentar crecimiento espiritual sin el cimiento que necesitaba.

He empleado diecinueve capítulos en este libro para enseñarte cómo estar seguro de que tienes un cimiento sólido en tu propia vida, y ahora es momento de hablar de construir una vida que glorifique a Dios. Es momento de hablar de crecimiento espiritual.

La comprensión de la gracia, el perdón, la misericordia, el amor incondicional de Dios y la doctrina de la justicia por medio de Cristo es el cimiento para todo lo demás en nuestra relación con Dios y el servicio a Él. Debemos estar arraigados profundamente en el amor incondicional de Dios, saber con certidumbre que su actitud hacia nosotros es misericordiosa y tener revelación de quiénes somos "en Cristo". Debemos tener un entendimiento de que somos la justicia de Dios en Cristo y no tener temor a que Dios esté enojado cuando cometamos errores. Cuando esas cosas son hechos establecidos, es natural que tengamos el deseo de seguir adelante para llegar a ser todo lo que Dios quiere que seamos. Tendremos un deseo de crecimiento espiritual.

El apóstol Pablo en el libro de Hebreos le dijo al pueblo que era momento de que dejasen atrás las elementales etapas de comienzo en las enseñanzas y las doctrinas de Cristo, y que necesitaban proseguir hacia la madurez espiritual.

> *Por eso, dejando a un lado las enseñanzas elementales acerca de Cristo, avancemos hacia la madurez.*
>
> Hebreos 6:1

Pablo les dijo a los cristianos hebreos que aunque deberían estar enseñando ya a otros, aún necesitaban que alguien les enseñara otra vez los primeros principios de la Palabra de Dios. Aparentemente, ellos seguían necesitando oír los mismos mensajes una y otra vez sobre cosas fundamentales, y eran incapaces o no estaban dispuestos a proseguir a otras enseñanzas que les ayudarían a construir una vida mediante la cual pudieran glorificar y servir a Dios.

> *En realidad, a estas alturas ya deberían ser maestros, y sin embargo necesitan que alguien vuelva a enseñarles las verdades más elementales de la palabra de Dios. Dicho de otro modo, necesitan leche en vez de alimento sólido. El que sólo se alimenta de leche es inexperto en el mensaje de justicia; es como un niño de pecho.*
>
> Hebreos 5:12-13

Les dijo que aún necesitaban la leche de la Palabra y no comida sólida. Eran incapaces de manejar la carne de la Palabra. ¿Cuál es la carne de la Palabra? Yo creo que es enseñanzas sobre madurez espiritual, sacrificio, obediencia, una vida sin egoísmo y servicio a Dios y al hombre. Siempre es fácil y agradable oír mensajes sobre el amor de Dios por nosotros y el increíble plan que Él tiene para nuestras vidas, pero podría no ser tan fácil o agradable oír sobre hacer la voluntad de Dios aunque eso requiera sacrificio personal. La verdad es que necesitamos ambas cosas a fin de ser creyentes sanos y productivos en Cristo.

La Palabra de Dios nos alienta y nos consuela; nos enseña quiénes somos en Cristo, y acerca de su increíble gracia, perdón y amor, pero también nos castiga y nos corrige. Cuando Pablo estaba siendo mentor de Timoteo, le dijo que como predicador de la Palabra de Dios debía mostrar a las personas en qué aspectos sus vidas eran equivocadas. Debía convencerles, reprenderles y corregirles, advertirles y alentarles (2 Timoteo 4:2).

¿Estás bebiendo leche y comiendo carne?

La mayoría de cosas que dije en los primeros diecinueve capítulos de este libro eran todas ellas muy alentadoras, pero no te estaría dando una imagen completa de la voluntad de Dios para nosotros si no te dijera también que para edificar una vida que glorifique a Dios, tendrás que permitir que la Palabra de Dios te corrija y te dirija en todos tus actos. Creo que la leche de la Palabra es los mensajes alentadores que todos necesitamos y amamos, y que la carne de la Palabra aborda nuestra conducta y madurez espiritual. En realidad, tanto leche como carne son alentadores. Uno nos alienta a tener confianza en nuestra posición como hijos de Dios, y el otro nos alienta a servirle y dar buen fruto para su Reino.

Como maestra de la Palabra de Dios durante treinta y cinco años, he sido testigo una y otra vez de las muchas personas que están bastante contentas con recibir la leche de la Palabra pero se ahogan con la carne. Les encanta ser alentados, pero no quieren someterse a la represión o la corrección. El resultado es que tienen un cimiento maravilloso, pero nunca pasan a edificar una vida que dé gloria a Dios. Creo que tú estás preparado y dispuesto a avanzar hacia la madurez espiritual. Creo que eres alguien que desea caminar en la voluntad de Dios en todas las cosas.

La leche de la Palabra nos enseña todo lo que Dios ha hecho por nosotros en Cristo, gratuitamente por su gracia, y que nuestra parte es sólo recibir y disfrutar. Al igual que un bebé sólo bebe leche durante un tiempo porque es incapaz de digerir otras cosas, el bebé cristiano necesita esta leche de la Palabra de Dios. Sin embargo, si un niño nunca bebiese otra cosa sino leche, nunca llegaría a ser un adulto sano. Necesita leche y carne, y lo mismo necesitamos nosotros como cristianos.

El apóstol Pablo dijo que las personas seguían alimentándose de leche porque no eran diestros en la doctrina de la justicia (Hebreos 5:12-13). Aún no sabían verdaderamente quiénes eran en Cristo. No entendían que habían sido hechos la justicia de Dios en Cristo y, por tanto, cuando Pablo intentó corregirles con la Palabra o confrontar su conducta infantil, ellos respondieron desfavorablemente. No podían recibir corrección mediante la Palabra de Dios sin sentirse condenados.

Es vital que conozcamos nuestra posición en Cristo, porque si sabemos verdaderamente quiénes somos, entonces cuando la Palabra de Dios confronte lo que hacemos (conducta), eso no nos condena. Podemos recibirlo como otro nivel del amor de Dios que nos castiga para nuestro propio bien.

Cuando la convicción del Espíritu Santo inmediatamente se convierte en condenación en nuestro pensamiento, el proceso de cambio se detiene y no se produce ningún crecimiento espiritual. Debemos ser lo bastante maduros para saber que el castigo de Dios es una muestra de su amor, de que Él no está dispuesto a dejarnos solos en nuestra condición de pecado.

> *Yo reprendo y disciplino a todos los que amo. Por lo tanto, sé fervoroso y arrepiéntete.*
>
> Apocalipsis 3:19

Dios no busca cambiarnos para que podamos amarle, su amor es incondicional y no está basado en nuestra conducta, pero nosotros deberíamos buscar cambiar porque le amamos. ¡Dios quiere que demos fruto! Quiere que nuestras vidas añadan valor a las vidas de otras personas, y que nuestro ejemplo en el mundo atraiga a las personas al Reino de Dios.

Yo tengo cuatro hijos adultos, y para los años de poner cimientos en su vida (niñez, adolescencia y jóvenes adultos), Dave y yo hicimos todo por ellos. Satisfacíamos todas sus necesidades, les vestimos, educamos, alimentamos, albergamos y amamos con todo nuestro ser. Durante esa época también les enseñamos y les corregimos. Les alentábamos mucho, pero también les corregíamos, y cualquier padre o madre que no haga eso, en realidad no ama a sus hijos. Les estábamos preparando para una vida que sería agradable y fructífera. A medida que ellos maduraban, comenzaban a hacer cosas por nosotros y también a recibir de nosotros, y eso hacía que nuestra relación se mantuviese sana. Esa es la progresión natural de la relación, y también debe producirse en nuestra relación con Dios.

¿Estás preparado para madurar y decir a Dios: "Estoy agradecido porque me amas, y aprecio todo lo que has hecho por mí, y ahora quiero servirte; quiero hacer cosas por ti; quiero dar buen fruto para ti"? ¿Estás listo para pedir a Dios que te moldee a la imagen de Jesucristo y te muestre cómo construir una vida sobre el fundamento que Él te ha dado y que le glorificará? Si tu respuesta es sí, y creo que lo es, necesitarás comenzar a recibir la carne de la Palabra de Dios.

No todos los cristianos son maduros

Pablo confrontó a los cristianos que no estaban madurando. Él dijo: "Yo, hermanos, no pude dirigirme a ustedes como a espirituales sino como a inmaduros, apenas niños en Cristo. Les di leche porque no podían asimilar alimento sólido, ni pueden todavía" (1 Corintios 3:1-2).

Pablo habla de dos tipos de cristianos. El primero es el hombre espiritual que es capaz de examinar, investigar y discernir todas las cosas; es capaz de discernir rápidamente el bien y el mal, y escoger el bien. Entonces Pablo habla del cristiano carnal, que es regenerado en Cristo, es nacido de nuevo, pero aún permanece en la etapa infantil de crecimiento espiritual. Tiene la naturaleza de la carne y sigue la guía de los impulsos comunes (1 Corintios 2:14-16).

Yo desperdicié muchos años de mi experiencia cristiana como creyente carnal e inmadura. Tenía cierto entendimiento de la salvación por gracia, pero en realidad no tenía el fundamento sólido que necesitaba. Después de que Dios me ayudó a construir este fundamento, seguí pasando muchos años en la inmadurez porque no había tomado la decisión de proseguir a la madurez espiritual. No creo que nadie experimente crecimiento espiritual a menos que lo desee verdaderamente. Yo finalmente estaba insatisfecha con mi vida tal como era, y llegué a un punto de crisis en mi caminar con Dios. ¡Algo tenía que cambiar! Había estado recibiendo de Él (amor, gracia, misericordia, perdón, ayuda) durante años, pero me preguntaba qué me faltaba. Veía que era momento de que yo devolviese. Necesitaba entregarme a mí misma y todo lo que tenía a Él para su uso y su propósito. Cuando lo hice, fue un momento crucial en mi vida espiritual que nunca he lamentado.

Me encanta la carta de Pablo a los efesios. Él establece un firme fundamento empleando los tres primeros capítulos para decirles a las personas que Dios les ama y cuál es su herencia en Él. Entonces comienza el capítulo 4 con esta afirmación: "Por eso yo, que estoy preso por la causa del Señor, les ruego que vivan de una manera digna del llamamiento que han recibido". Obviamente, no era suficiente sólo con enseñar a las personas lo que era de ellas en Cristo, sino que también necesitaban que les enseñasen cómo permitir que Jesús brillase por medio de ellas en cada aspecto de su vida cotidiana. Las personas puede que vayan a la iglesia los domingos, pero ¿llevan a Jesús al trabajo el lunes y todos los demás días de la semana? ¿Gobierna la Palabra de Dios en su hogar? ¿Llena Él sus pensamientos, palabras y actos?

¿Estás preparado para proseguir a la madurez espiritual? Creo que lo estás; por tanto, si aún no lo has hecho, pon a Dios en el asiento del conductor de tu vida. Entiende que

Dios está más interesado en cambiarte a ti que en cambiar todas tus circunstancias. ¡Pide a Dios que te cambie en cualquier área en la que necesites cambio! Cuando Él comience a hacerlo, no te resistas. Confía en que Él hará la obra, y permanece en su reposo.

La salvación del alma

Por lo cual, desechando toda inmundicia y abundancia de malicia, recibid con mansedumbre la palabra implantada, la cual puede salvar vuestras almas.

Santiago 1:21, RVR-1960

Cuando recibimos a Cristo como nuestro Salvador, nuestro espíritu es salvo o nacido de nuevo; es hecho santo y Dios viene a morar en nosotros. Nuestra alma (mente, voluntad y emociones) sigue necesitando ser renovada. Debe ser entregada a Dios para que Él la use; si no es así, el mundo nunca verá a Jesús brillar por medio de nosotros.

Cuando la Palabra de Dios es verdaderamente recibida y se arraiga en nuestros corazones, tiene poder para salvar nuestras almas, como dice Santiago 1:21. Debemos amar la Palabra y estudiarla; leerla o escuchar a otra persona enseñarla es bueno, pero insuficiente. ¡Debemos estudiar! Permite que te pregunte osadamente cuánto tiempo pasas estudiando la Palabra por ti mismo. Oro para que sea con frecuencia, porque sin eso habrá muy poco crecimiento.

En *The Lost Art of Disciple Making* (El arte perdido de hacer discípulos), Leroy Eims proporciona una maravillosa imagen de este fenómeno. "Una primavera, nuestra familia conducía desde Fort Lauderdale a Tampa, Florida. Hasta donde la vista alcanzaba a ver, los naranjos estaban cargados de frutas. Cuando nos detuvimos para desayunar, pedí jugo de naranja con los huevos revueltos. La camarera dijo: 'Lo siento, pero no puedo traerle jugo de naranja porque nuestra máquina se ha roto'. Al principio me quedé asombrado. Estábamos rodeados por millones de naranjas, y yo sabía que ellos tenían naranjas en la cocina; rodajas de naranjas adornaban nuestros platos. ¿Cuál era el problema? ¿No había jugo? Difícilmente. Estábamos rodeados por miles de litros de jugo. El problema era que ellos se habían vuelto dependientes de que la máquina lo sacara. Los cristianos a veces son así. Puede que estén rodeados de Biblias en sus hogares, pero si algo sucediera al servicio de predicación del domingo en la mañana, ellos no tendrían alimento alguno para sus almas. El problema no es una falta de alimento espiritual, sino que muchos cristianos no han crecido lo suficiente para saber cómo obtenerlo por sí mismos".

La Palabra de Dios es el alimento que nuestro espíritu necesita para mantenerse fuerte, y renueva nuestra mente (Romanos 12:2). Cuando aprendemos a pensar correctamente, todas las demás cosas comienzan a ir correctamente.

La madurez espiritual no se desarrolla primeramente al tener conocimiento de la Palabra de Dios, sino al aplicarla en la vida cada día y aprender a vivir según sus enseñanzas. Digamos que has estado estudiando lo que dice la Palabra de Dios sobre la paciencia y estás de acuerdo con ello, y tienes toda la intención de ser paciente. Ahora digamos que vas a comprar y la cajera donde estás es muy lenta. Es nueva en su trabajo y parece que no sabe cómo manejar la computadora adecuadamente. Tú tienes un poco de prisa, y puedes sentir que va apareciendo la impaciencia en tu alma. En ese momento tienes una decisión que tomar. ¿Te comportarás según la impaciencia que sientes, o caminarás en el espíritu y mostrarás la paciencia que Dios te ha dado? Si muestras paciencia, entonces has ejercitado tu "músculo de la paciencia" y se ha vuelto más fuerte, y has glorificado a Dios al decidir representarle bien.

Tenemos la Palabra de Dios fácilmente disponible para

nosotros mediante la asistencia a la iglesia, la radio, la televisión, la Internet, CD, DVD, nuestro teléfono y otros aparatos. No tenemos hambre de la Palabra de Dios, pero sí necesitamos más personas que se ejerciten regularmente aplicando la Palabra a sus vidas.

Pablo exhortó a los cristianos a llevar a cabo su salvación con temor y temblor. No quería decir que tuvieran que trabajar por su salvación, sino que deberían trabajar con el Espíritu Santo hacia la madurez espiritual (Filipenses 2:12). Rápidamente pasa a decirles que no pueden lograrlo por sus propias fuerzas, sino que Dios debe obrar en ellos para lograrlo.

Seguir lo que más importa

Las cosas que buscamos o seguimos dicen mucho de nuestro carácter. Se nos dice que busquemos primero el Reino de Dios y su justicia (su manera de hacer y ser) (Mateo 6:33). Se nos dice que busquemos la paz, y en mi experiencia he descubierto que la única manera de tener paz es aprender a obedecer enseguida al Espíritu Santo. También se nos dice que busquemos la presencia de Dios, porque es el regalo más precioso que podemos tener. Necesitamos cambios más de lo que necesitamos lo que Él puede hacer por nosotros. Me gusta decir: "Busca la presencia de Dios, no sus regalos".

También se nos dice que busquemos la santidad, sin la cual nadie verá al Señor (Hebreos 12:14). ¡Vaya! Eso podría sonar un poco temeroso a menos que entendamos que lo que se subraya es la búsqueda. Dios quiere que busquemos la santidad incluso si nunca llegamos al lugar de perfección. Si estamos buscando la santidad, que es otra manera de decir madurez espiritual, eso revela una actitud correcta hacia Dios. Como dije anteriormente en este libro, somos hechos santos por Dios cuando nacemos de nuevo. Tenemos la santidad en nuestro espíritu que Dios espera que manifestemos, pero no será manifestada si somos pasivos. ¡Debemos seguirla! Seguir la santidad es otro modo de decir: "Lleva a cabo tu salvación con temor y temblor", o "Prosigamos hacia la madurez espiritual".

> *La cualidad rígida acerca de las vidas religiosas es un resultado de nuestra falta de deseo. La complacencia es un enemigo mortal para todo crecimiento espiritual. Debe estar presente un agudo deseo, o no habrá manifestación alguna de Cristo a su pueblo.*
>
> A. W. Tozer

Santidad no es seguir un conjunto de normas y regulaciones; es simplemente y alegremente aprender a seguir la dirección del Espíritu Santo.

> *Como hijos obedientes, no se amolden a los malos deseos que tenían antes, cuando vivían en la ignorancia. Más bien, sean ustedes santos en todo lo que hagan, como también es santo quien los llamó; pues está escrito: «Sean santos, porque yo soy santo».*
>
> 1 Pedro 1:14-16

Dios nos da la promesa de que debido a que Él es santo y vive en nosotros, también podemos ser santos en toda nuestra conducta y manera de vivir. Es un proceso que se desarrolla gradualmente a medida que continuamos siguiéndolo en el poder del Espíritu Santo. Jesús no quedará decepcionado en absoluto cuando regrese si no hemos llegado aún, pero sí quiere encontrarnos buscando la santidad.

Hacer las obras de Dios

Somos salvos solamente por la fe y no por obras, pero Santiago dijo que la fe sin obras está muerta, y carece de poder

(Santiago 2:14-18). La fe necesita obras (actos de obediencia para respaldarla); de otro modo, está privada de poder.

Se nos advierte una y otra vez en la Escritura que las obras de nuestra carne no son aceptables a Dios, pero también se nos dice que debemos hacer las obras de Dios. Jesús dijo: "Yo te he glorificado en la tierra, y he llevado a cabo la obra que me encomendaste" (Juan 17:4). "Nuestras obras" (obras de la carne) son nuestra energía intentando hacer lo que sólo Dios puede hacer, pero las obras de Dios son obras que hacemos según su mandato y solamente por su poder.

Deberíamos evitar las obras de la carne como si fuesen una plaga. Cosas como intentar salvarnos a nosotros mismos, hacernos rectos mediante nuestras propias obras, producir buen fruto esforzándonos, conseguir nuestros planes humanos para obtener lo que queremos en lugar de pedírselo a Dios y esperar su manera y su momento.

Aunque evitamos las obras de la carne, deberíamos perseguir agresivamente hacer la obra de Dios. Dios quiere que todos obedezcamos su Palabra, pero también creo que Él nos da a cada uno una tarea en la vida. A medida que seguimos creciendo en Dios y aprendemos a seguir el liderazgo del Espíritu Santo, aprenderemos cuál es esa tarea. Afortunadamente, no tenemos que competir con nadie, sino que somos libres para ser el individuo único que Dios quiso que fuéramos.

La tarea que Dios nos da puede parecer o no espectacular para el mundo, pero es espectacular para Dios. Puede que seas una mamá que está educando a un hijo que hará grandes cosas para Dios; o puede que seas conserje en una escuela y un estupendo ejemplo para los niños de alguien con carácter piadoso. Incluso podrías ser una persona muy famosa, pero lo único que realmente importa es si estamos verdaderamente cumpliendo la tarea que Dios nos ha ordenado. Si es así, estamos haciendo las obras de Dios.

Hay distintas épocas en nuestra vida, y nuestra tarea

puede cambiar a medida que cambian esas épocas. Después de que Dave y yo nos casáramos, pasé muchos años haciendo diversos tipos de trabajo de oficina, después tuve años de ser una mamá que no trabajaba fuera de casa, y más adelante regresé al trabajo y finalmente comencé un estudio bíblico donde trabajaba, y eso se desarrolló para convertirse en el ministerio que dirijo actualmente. Todo eso sucedió a lo largo de un periodo de cuarenta y siete años; por tanto, te aliento a entender que lo que estás haciendo ahora es una parte importante de tu vida que deberías aceptar y disfrutar. Cuando las estaciones cambien, pasa a la siguiente tarea que Dios tenga para ti y hazla con prontitud y gozo.

¿Cuál es la señal de la madurez espiritual?

Creo que podemos simplificar lo que significa la madurez espiritual diciendo que es amar a las personas del modo en que Dios lo hace. Sobre todo lo que seguimos, deberíamos seguir agresivamente amar verdaderamente a las personas. Ser espiritualmente maduro significa ser semejante a Dios, y Él ama a las personas.

El apóstol Pedro nos exhorta a tomar las promesas de Dios y añadir nuestra diligencia empleando todo esfuerzo para ejercitar nuestra fe y desarrollar virtud (excelencia, resolución, energía cristiana), y al ejercitar virtud desarrollar conocimiento (inteligencia). Pasa a decir que a medida que ejercitamos el conocimiento, desarrollaremos dominio propio, y al ejercitar dominio propio desarrollaremos firmeza (paciencia, aguante). Al ejercitar firmeza desarrollaremos piedad; y al ejercitar piedad desarrollaremos afecto fraternal, y al ejercitar afecto fraternal desarrollaremos amor cristiano (ver 2 Pedro 1:3-7). ¡Vemos que la meta final es el amor cristiano!

Parece que debemos ser diligentes y hacer un esfuerzo por

seguir creciendo si queremos esperar lograr nuestra meta de aprender a amar como Dios lo hace. También podemos ver por lo que dice Pedro que alcanzar esa meta es un proceso que obviamente tomará tiempo. ¡Y no te olvides de disfrutar del viaje! Nuestro viaje con Dios es la parte más emocionante de nuestra vida.

¿Cómo se manifiesta el verdadero amor espiritual? Encontramos la respuesta en 1 Corintios 13:4-8.

El amor es paciente.
El amor es bondadoso.
El amor no es envidioso.
El amor no es jactancioso.
El amor no es orgulloso.
El amor no es rudo.
El amor no es egoísta.
El amor no se enoja fácilmente.
El amor no guarda rencor.
El amor no se deleita en la maldad sino que se regocija con la verdad.
El amor todo lo aguanta.
El amor siempre cree lo mejor.
El amor todo lo soporta.
El amor jamás se extingue.

Sé que yo necesito seguir ejercitándome en estas áreas y seguir la santidad; ¿y tú? Te aliento a que medites en tu conducta y te preguntes delante de Dios en qué áreas podrías necesitar mejorar. Yo sé que podría ser más paciente y menos egoísta, sólo por nombrar un par de cosas. Busco esas metas con todo mi corazón, pero nunca me siento condenada cuando no tengo éxito totalmente. Tan sólo sigo adelante. No me siento condenada porque tengo un firme fundamento en mi vida sabiendo que Dios me ama incondicionalmente, ha perdonado todos mis pecados y es misericordioso, y que su gracia (favor y poder inmerecidos) están siempre disponibles para mí. Dejo atrás mis errores del pasado y sigo orando y confiando en Dios, y esperando verle obrar por medio de mí.

Encuentro varias escrituras que me dicen que me examine a mí misma. Eso no significa que deberíamos ser introspectivos en exceso, y tampoco que deberíamos ser críticos con nosotros mismos, pero echar una sincera mirada a nuestra conducta es sano.

> *Si nos examináramos a nosotros mismos, no se nos juzgaría.*
>
> 1 Corintios 11:31

> *Examínense para ver si están en la fe; pruébense a sí mismos. ¿No se dan cuenta de que Cristo Jesús está en ustedes? ¡A menos que fracasen en la prueba!*
>
> 2 Corintios 13:5

Quizá si estuviésemos dispuestos a ser más sinceros con nosotros mismos, haríamos progreso más rápidamente en la madurez espiritual. Sigamos el suave impulso del Espíritu Santo con respecto a nuestra conducta, para que no tengamos que ser corregidos con más firmeza por Dios. Dios está más interesado en nuestro crecimiento espiritual de lo que está en nuestra comodidad actual. La persona espiritualmente madura puede examinarse a sí misma sinceramente a la luz de la Palabra de Dios y no sentirse nunca condenada cuando ve sus errores. En realidad se deleita al verlos, porque sabe que solamente la verdad le hace libre; sabe que el amor de Dios por él o ella no está basado en su conducta, pero desea mejorar a fin de dar más gloria a Dios.

La madurez espiritual no es asistencia a la iglesia, conocimientos de las doctrinas de la iglesia, dar grandes cantidades de dinero a la iglesia, tener una posición en el equipo de liderazgo de la iglesia o estar en un comité de la iglesia. La madurez espiritual no es memorizar escrituras o leer la Biblia entera cada año. Podemos hacer ejercicios religiosos por miles y aun así no ser espiritualmente maduros.

No voy a darte una lista de cosas que hacer a fin de desarrollar madurez espiritual. He compartido la importancia de estudiar la Palabra de Dios y tener comunión regular con Él, incluyendo la oración, pero más allá de eso, lo único que diré es… sigue el liderazgo del Espíritu Santo. Si lo haces, Él te enseñará todo lo que necesitas saber, y lo hará de una manera que funcionará perfectamente para ti.

Todos hacemos muchas cosas relacionadas con nuestro cristianismo. Asistimos a la iglesia, leemos la Biblia, oramos, leemos libros cristianos, y quizá escuchamos la radio cristiana o vemos televisión cristiana, pero ¿con qué propósito?

"Hace algún tiempo en el programa *The Merv Griffin Show*", dice Gary Gulbranson en un artículo en la revista *Leadership*, "el invitado era un culturista. Durante la entrevista, Merv le preguntó: '¿Por qué desarrolla esos músculos en particular?'. El culturista simplemente dio un paso adelante y flexionó una serie de músculos bien definidos desde el pecho hasta la pantorrilla. La audiencia aplaudió. '¿Para qué usa todos esos músculos?', preguntó Merv. De nuevo, el espécimen muscular hizo flexiones, y bíceps y tríceps aumentaron hasta proporciones impresionantes. 'Pero ¿para qué *utiliza* esos músculos?', insistió Merv. El culturista estaba perplejo, pues no tenía otra respuesta sino mostrar sus bien desarrollados músculos. Eso me recordó que nuestros ejercicios espirituales—estudio de la Biblia, oración, leer libros cristianos y escuchar radio cristiana—tienen también un propósito. Deben fortalecer nuestra capacidad de edificar el Reino de Dios, no simplemente mejorar nuestra postura delante de una audiencia que nos admira".

Creo que Dios tiene un propósito en todas las cosas que

APR 1 0 2015

hace, y nosotros también deberíamos ser personas con un propósito. Cuando estudiemos o escuchemos una predicación, que siempre sea con el propósito de hacer lo que hemos aprendido. Si oímos pero no hacemos, nos engañamos a nosotros mismos mediante un razonamiento que es contrario a la verdad (Santiago 1:22).

Dios me ha llamado a ayudar a los creyentes a madurar y a crecer espiritualmente para que puedan ser todo lo que Dios quiere que sean, hacer todo lo que Dios quiere que hagan y tener todo lo que Dios quiere que tengan. ¡Esa es mi tarea! Ningún mensaje por mi parte estaría completo sin alguna enseñanza sobre cómo poner en práctica tu fe en la vida diaria. Quiero que sigas adelante y crezcas, pero no quiero que ni siquiera pienses que Dios está enojado contigo cuando cometes errores. Dios te ama, y es paciente y misericordioso. Siempre está ahí para levantarte cuando caigas y ayudarte a comenzar de nuevo en la dirección correcta. ¡Dios nunca tirará la toalla contigo!